中国禅宗典籍丛刊

佛果击节录

[宋]圆悟克勤 著
王大伟 郭俊良 点校

中州古籍出版社
·郑州·

图书在版编目（CIP）数据

佛果击节录/ (宋) 圆悟克勤著；王大伟，郭俊良点校. —郑州：中州古籍出版社，2019.3
（中国禅宗典籍丛刊）
ISBN 978-7-5348-8394-1

Ⅰ.①佛… Ⅱ.①圆…②王…③郭… Ⅲ.①禅宗 Ⅳ.①B946.5

中国版本图书馆CIP数据核字（2019）第018663号

出 版 社：中州古籍出版社
（地址：河南省郑州市郑东新区金水东路39号C座　邮政编码：450016）
发行单位：新华书店
承印单位：河南瑞之光印刷股份有限公司
开本：890mm×1240 mm　1/32　印张：7.125
字数：151千字　印数：3 000册
版次：2019年3月第1版　印次：2019年3月第1次印刷

定价：20.00元
本书如有印装质量问题，由承印厂负责调换。

总　序

在中国传统文化中，儒学、佛教和道教鼎足而立，是三个最主要的组成部分。它们在相互排斥的同时又相互吸收，共同丰富和发展了中华民族的文化。

佛教本是从印度传来的外来宗教，然而它在中国这块辽阔丰饶的具有悠久历史文化的国土上传播，经过漫长岁月，已经与中国传统文化和宗教习俗密切结合，演变成中国的民族的主要的宗教。隋唐时期具有民族特色的佛教宗派的创立，标志着佛教中国化历程的基本结束，此后进入中国佛教的持续发展时期。在这些佛教宗派中，天台宗、华严宗和禅宗是最富有民族特色的宗派。在它们的蕴涵深刻哲学思辨内容的教义理论中，有说色空、色心和体用相即的宇宙存在论，有论善恶、净染的心性论，有讲出世不离世间的修行解脱论，有用以沟通色空、色心和体用的"不二"的方法论……这些在中国历史文化，特别是在哲学思想领域都产生过极为深远的影响。研究中国历史文化，研究中国哲学思想都离不开对佛教的考察和研究，这早已成为人们的共识。

禅宗虽奉北魏时期来华的印度僧菩提达摩为初祖，但从历史真实情况考察，实际创立者应是被后世禅宗奉为四祖、五祖的道信（580~651）和弘忍（601~675）。在弘忍去世之后，他的门下形成以神秀（约606~706）及其弟子普寂（651~739）为代表的北宗，以惠能（638~713）及其弟子神会（668或686~760）、行思（671~740）、怀让（677~744）为代表的南宗。在"安史之乱"（755~763）后，北宗逐渐衰微以至湮灭无闻，而南宗则迅速传遍大江南北，日益昌盛，并在唐末五代形成禅门五宗——临济宗、沩仰宗、曹洞宗、云门宗、法眼宗。进入宋代，临济宗又分成杨岐、黄龙二派。两宋是禅宗发展史上的鼎盛时期，它一跃而成为中国佛教宗派中的主流派，在当时社会的各个阶层和文化思想领域都有很大的影响。此后，中国儒、释、道三教日益会通融合，佛教内部各宗也互相融通，禅宗与净土念佛信仰的结合最为密切，以至形成"念佛禅"。

禅宗虽标榜"以心传心，不立文字"，但从实际情况来看，它的文字著述最多，形式也多种多样，其中禅法语录最多。记录惠能言行的语录有《六祖坛经》，记录神会言行的语录有《菩提达摩南宗定是非论》等，此后怀让、马祖、怀海、希运以及禅门五宗的创始人义玄、灵祐和慧寂、良价和本寂、文偃、文益，后世各宗著名禅师几乎都有语录行世。语录有别集，有合集。在语录集子中既有禅师在开堂、上堂、小参、普说等各种场合的说法记录，也有师徒间的答问；有对前人公案的评说——拈古，也有评述这些公案的偈颂——颂古；有代前人回答质询的代语，也有在前人答语之外另作答语的别语；还有书信、法语、序跋、碑铭、题赞、札记、遗表等。在语录中，有贴近当时民众的通俗白话，有含意清丽玄远的诗偈；在语录外，有卷帙浩繁的史传，包括以语录为主的灯史、以记事为主的传记、按编年记述的通史。此外，还有论议、杂著、清规等。这些数量庞大的禅宗文献，无疑是我国宝贵的文化遗产。

我国在20世纪70年代末实行改革开放政策以后，随着社会科学界对宗教研究的深入展开，在对佛教文献的研究和整理、出版方面也取得很大的成绩，为从事佛教研究的人员和社会上广大读者提供了不少经过校订注释的有价值的佛教参考资料。然而在大量佛教文献面前，为了让研究者和读者使用方便，有必要按类别选择其中最重要的文献进行研究和整理，分阶段地作校勘、标点和注释出版。

现在奉献在诸位面前的《中国禅宗典籍丛刊》是一套中国禅宗系列的文献选编，其中收录了中国禅宗的部分重要史书、语录和清规等文献，皆请学者依据较好的版本作了校勘、分段和标点，并且一律改用现在通用的简化字。虽然所收文献的数量不是很大，但在目前公开出版的禅宗著述较少的情况下，这一套丛书的出版一定会给从事佛教禅宗研究和中国哲学、文史研究的学者和广大读者带来不少方便。我们深知此项工作并非轻而易举，希望边工作边改进，谨望读者今后经常给我们提出建议，不吝赐教，以便把这一工作做得更好。

杨曾文

1998年2月9日

导　读

圆悟克勤（1063～1135），字无著，彭州崇宁人，俗姓骆，"圆悟"是宋高宗建炎初年（1127）赐的号。圆悟克勤是中国禅宗史上起到承前启后作用的一代宗师。当今中国佛教临济宗的传人，若真的追溯上去，几乎都是圆悟克勤的子孙，可见他影响之深。在目前中国佛教研究界，对圆悟克勤的研究已取得了丰硕成果，如在杨曾文先生的《宋元禅宗史》（中国社会科学出版社，2006）、土屋太祐的《北宋禅宗思想及其渊源》（巴蜀书社，2008）等论著中都用专门篇章讨论这位禅师。另外，段玉明教授主撰的《圆悟克勤传》（宗教文化出版社，2012）则以圆悟克勤为研究中心主体，将涉及他的相关问题都进行了系统而深入的梳理，是目前国内学界对其进行专题研究的标志性成果。这些论著，从历史及哲学的角度，对圆悟克勤其人及思想乃至著述等都进行了详细考述。可以说，目前学界对圆悟克勤的研究已经比较成熟。

圆悟克勤的著作，最知名的首推《碧岩录》，其他还有《圆悟佛果禅师语录》（以下简称《语录》）二十卷、《佛果击节录》

（以下简称《击节录》）二卷、《圆悟禅师心要》（以下简称《心要》）二卷。除了这些，还有《佛鉴佛果正觉佛海拈八方珠玉集》（简称《拈八方珠玉集》）三卷，这部书是圆悟克勤参与的拈评颂古的著作，非他一人完成。在当时，拈古颂古之风大行，克勤之所以能成为文字禅的大宗师，与他积极参与文字禅创作活动有很大关系。我们从克勤为《拈八方珠玉集》所作的序文中就可看出他对此事的关注："佛鉴大禅师，予畏友也，居大相国寺智海院，日以书到夹山，叙及拈古，独称雪窦为冠绝，常师法之。因思禅门《八方珠玉集》，丛林虽盛传，皆作者公案，而未有拈提者。发意遇小参升座结缘，拈之成一段胜事。既而果践其言。逮至被旨徙蒋山，凡数年，归寂。予适继其高躅，才抵钟阜，即索于其徒，阅之，止拈及半，惜乎不满其志愿，乃为终。拈掇亦数载，克就大概，唯直截指道妙，抑扬纵夺，隐显杀活，皆泯合前所论旨趣也。期具宗正眼绝知解者赏之。"①

在克勤的这些著述中，《碧岩录》无疑是最受重视的，其相关研究著述也颇多，笔者在此不赘述。《语录》和《心要》两部书，是由后世弟子收集整理而成的，主要记载了克勤的法语、开示、书信等内容。《击节录》其实是颇似《碧岩录》，但又明显简单很多的一部评唱之作。目前国内能看到的《击节录》版本主要收于《卍新纂续藏经》第67册、《频伽大藏经》（续藏）第169册、《禅宗全书》第87册等。日本收藏的版本较多，如东京大学、九州大学、新潟大学、东洋文库、驹泽大学等均收有此录的

---

① 《拈八方珠玉集》卷上，《卍新纂续藏经》第67册，第634页上。

刻本。按《击节录》前言所记，我们知道此录已由号称"关西黑太淳"的日本僧人在"东武吉祥之草庐"重新整理。据日本学者小川灵道的考证，这位太淳和尚其实就是日本江户时期的曹洞宗僧侣温霖岱润（1700～1777）①。他是江户长庆寺道契良天的法嗣，曾先后住持栃木成高寺、武藏正光寺、常陆安祥寺等，太淳宗古是他的别名。岱润是江户时期的一位学问僧，除整理《佛果击节录》外，还著有《佛果击节录余音》《大空玄虎藏主注抄心经》《普劝坐禅仪注》等②。

提起圆悟克勤的评唱著作，就不能不说到他所评唱公案的来源，这些实际都出自雪窦重显禅师的颂古。重显（980～1052），字隐之，俗姓李，遂州（今四川遂宁）人。北宋咸平年间随益州普安院仁铣禅师出家，在智门光祚门下得法。重显先住持洞庭山翠峰禅院，之后应明州知州曾会的邀请，住持雪窦山资圣寺，并于皇祐六年（1052）去世，俗寿七十三，僧腊五十。重显的著作也主要由弟子们编辑而成。这其中包含了他所做的法语、提唱、颂古等。他的著作主要有《明觉禅师语录》和《雪窦和尚颂古》两种，其中《明觉禅师语录》共六卷，收在《大正藏》第47册。语录大体分三部分，分别由不同的弟子编辑而成。卷一收有《住苏州洞庭翠峰禅寺语》、《拈古》16则、《室中举古》11则、《勘辩》、《雪峰和尚塔铭并序》、《住明州雪宝禅寺语》等。卷二中收有《举古》7则、《勘辩》、《歌颂》13首、《明觉禅师后录》。卷三中收有《拈古》100则。卷四是《明觉禅师瀑泉集》，署名

---

① 可参见《太淳宗古和尚と温霖岱润和尚》，《驹泽大学学报》，第25～30页。
② 《新版禅学大辞典》，第798页。

为"参学小师圆应编"。其序文中记载了此集的一些信息："师自两处道场，多应机语句。门人集之，离三已行于世。斯所纪者，乃垂带自答，及古今因缘。朝暮提唱，辞意旷崄，而学党未喻，复致之请益，师盖不获已。随所疑问，以此以彼，乍放乍收，或抑或扬，或代或别，近百五十则，实一时之能事也。况圆应忝预参承，宁忘捃拾，然多闻未益，诚有愧于宗师。必记诸善言，谅无讥于弟子，可命曰《瀑泉集》。意以飞流无尽为义，凡知我者，幸同味焉。时天圣八年（1030）八月十五日，圆应序。"① 可见，《瀑泉集》其实也是弟子整理的重显禅师的颂古评唱之语。卷五与卷六是《明觉禅师祖英集》，由其弟子文政编，成书于天圣十年（1032），主要记录了重显禅师的诗文、铭赞等作品。雪窦重显的另一部作品是《雪窦颂古集》（简称《雪窦颂古》）一卷，这部颂古就是《碧岩录》评唱的底本。在《四部丛刊续编·集部》（商务印书馆，1934）中将《拈古》《颂古》《瀑泉》《祖英》四集收在一起，视为《雪窦四集》。

《击节录》就是在《明觉禅师语录》卷三《拈古》基础上所作的著语和评唱。不过，这两部评唱之作在公案的编排顺序上有所差别，如《拈古》的第十一则是"临济蒿枝"，而在《击节录》中的第十一则是"钦山竖拳"，"临济蒿枝"则位于第二十四则；还如《拈古》的第二十一则是"洞山三顿"，而《击节录》中则是"兴化罚钱"，"洞山三顿"则位于第三十八则。两者顺序的不完全对应似乎也说明克勤在评唱《拈古》中的公案

---

① 《明觉禅师语录》卷四，《大正藏》第47册，第692页中。

时，也许是拈出一条就评说，而没有完全按照《拈古》中的顺序。当然，也有可能是后世弟子在整理克勤的评颂时，有意无意间把顺序作了调整。

与《拈古》相比，《击节录》无疑繁复了很多。重显的《拈古》仅仅是拈出禅宗公案，稍加评颂，然后供学人参悟，而克勤在《击节录》中增加了"著语"和"评唱"，这就极大地丰富了一则公案的内容，也让学人更容易体会公案要传达的思想。如《拈古》的第五则："举永嘉大师到六祖，绕禅床三匝，振锡一下，卓然而立。祖云：'夫沙门具三千威仪，八万细行，大德从何方而来？生大我慢？'师便喝。乃云：'当时若下得者一喝，免见龙头蛇尾。'又再举，绕禅床三匝振锡一下卓然而立，代祖师云：'未到曹溪，与尔三十棒了也。'"① 克勤在《击节录》中对这则公案的评唱无疑使其内容更加充实：

> 举永嘉大师到六祖，绕禅床三匝，振锡一下，卓然而立②。鱼行水浊。祖云："夫沙门具三千威仪，八万细行。大方之家，善收善放。大德从何方而来，生大我慢？便不屈人。"雪窦便喝，乃云："当时若下得这一喝，免得龙头蛇尾。"贼过后张弓。又再举绕禅床三匝，振锡一下，卓然而立。鸟飞毛落。代六祖云："未到曹溪，与你三十棒了也。"也是无风起浪。

> 永嘉大师，本是讲《维摩经》座主，因讲《维摩经》自悟，说得话惊人。因六祖会中，策禅师游三吴，预座随喜，

---

① 《明觉禅师语录》卷三，《大正藏》第47册，第685页下。
② 此典故出自《坛经》，据《六祖大师法宝坛经》所记："觉（永嘉玄觉）遂同策（玄策）来参，绕师三匝，振锡而立。师曰：'夫沙门者，具三千威仪、八万细行。大德自何方而来，生大我慢？'"（《大正藏》第48册，第357页下。）

见他讲得不同寻常座主见解。因讲散，遂诘其心地，所发之言，并同诸祖。策曰："仁者悟心，师是谁耶？受谁印可？"觉曰："我听《方等》《维摩》经论，并无师承。于《维摩经》悟佛心宗，无人证据。"策曰："仁者！威音王已前则得，威音王已后无师自悟，尽是天然外道。"觉曰："愿仁者为我印证。"策曰："我乃言轻，有第六祖师在曹溪，四方云集，并是受法之人。"觉率策同至曹溪印可。永嘉既至曹溪，见六祖坐次，持锡绕绳床三匝，振锡一下，卓然而立。六祖云："夫沙门具三千威仪，八万细行。大德从何方来，生大我慢？"永嘉也好，便道："生死事大，无常迅速。"六祖本要抛个钩钓永嘉，却倒被永嘉钓将去。两家只管打葛藤，一对一问，千古万古悉皆如此。末后六祖道："如是！如是！"永嘉便行，祖云："少留一宿。"故号为"一宿觉"，名"玄觉"，号"真觉"。雪窦拈古有大手脚，更不引问答，直引他初见六祖语。雪窦拈弄永嘉道"生死事大，无常迅速"，且得没交涉。雪窦教永嘉下喝，免见后人指注，且道明什么边事？这一喝似个什么？似置一宝珠向面前，若是有钱人便买将去，当时属你也。宗师家拈古有出群处，却再举六祖道，等绕绳床三匝，振锡一下，卓然而立，好向他道："未到曹溪，已与你三十棒了也。"雪窦前头与永嘉出一只眼，这里与六祖出一只眼，且道雪窦意作么生？①

可以看出，《击节录》中克勤适时地加以"著语"，用于旁敲

---

① 《佛果击节录》卷上，《卍新纂续藏经》第67册，第229页上中。

侧击学人，这与重显《拈古》中的"代云"相比，无疑活泼了许多。同时，克勤的评唱也不是单纯就公案谈公案，他还介绍了禅宗典故，可令学人更深刻地体会公案发生的背景。这一方面彰显了克勤渊博的学识，另一方面，也为后人留下了一些难得的史料，甚至某些禅师的生平都是借克勤的评唱才被后人知晓的，如第十三则"枣树汉国"中的第二世枣树和尚及第十五则"保寿开堂"中的第二世保寿和尚。在第十四则"赵州偷笋"中有一位颇通禅法的婆子："举赵州问婆子：'什么处去？'撞着贼头汉。婆云：'偷赵州笋去。'据虎头也不为分外，又云：'也是本分将虎须。'州云：'忽遇赵州又作么生？'险！婆便掌，好打。州便休。莫道赵州休去，也有陷虎之机。雪窦拈云：'好掌！更与两掌也无勘处。'扶强不扶弱，党理不党亲。"① 可以看出，这个婆子所参悟的禅法恐怕已不比真正的禅僧差了，这也就难免让读者感到疑惑，为何普通的妇女有如此修为？克勤在下文的解释则为我们破解了这个疑问，他说："这婆子本为尼，因会昌沙汰，更不复作尼，只是参得好。"② 从此处就可看出，克勤其实也很清楚一般人的疑惑，所以首先就把婆子的背景交代出来，而这也是《击节录》比《拈古》的内容更加丰富的一个例证。

所谓"击节"，本身有"打拍子"及"十分赞赏"的意思。在《佛果击节录》中，圆悟克勤通过"击节"的方式，恰到好处接住了古则中的话头，可使学人在适当的地方去思考重显的颂古，同时也对重显的言语有所赞赏。可以说，克勤对重显颂古的

---

① 《佛果击节录》卷上，《卍新纂续藏经》第67册，第232页中。
② 《佛果击节录》卷上，《卍新纂续藏经》第67册，第232页中。

"击节",一方面,可以使学人看透古则中的禅机;另一方面,也为学人设置了新的禅机,因为若是不通禅机,其实还会被克勤"不着头脑"的著语迷惑,甚至可能觉得著语比重显颂古还难理解。那么从这个角度看,克勤的击节也更似一种禅话,学人虽通了重显的颂古,但却未必能体会圆悟击节的深意。而这也成为克勤颂古的一个特征贯穿在其文字禅著作中。《击节录》与《碧岩录》相比,两者虽体例相似,但《击节录》并不是《碧岩录》的简缩本,这从两者选取的公案题材中就可看出。有学者推测《击节录》"成书年代当早,或还在《碧岩录》前"。[①] 这个观点还是比较中肯的,《击节录》相对简单的评唱方式似乎也透露出它还是比较简单的入门级的禅宗读物。其实从某种意义上讲,洋洋洒洒的《碧岩录》也是克勤"老婆心切"的一种体现,而《击节录》简略的评唱方式,将禅机置于透与不透之间,似乎更有些"读禅"的味道。从这个角度来说,《击节录》也具有两面性:一方面,简练的"著语""评唱",对根器敏捷者是促其快速开悟的"慧剑";但另一方面,对那些较迟钝的学人,却往往又成为新的纠结不开的言语葛藤。总结起来,《击节录》比单纯的重显禅师《拈古》的内容更丰富,也更易懂,但与其《碧岩录》相比,却又显得简练很多。所以,这部著作在克勤的评唱颂古之作中似乎具有过渡性质。也正是基于此,点校《佛果击节录》对当前文字禅文献的整理和研究是有一定助益的。

本次校注,以《卍新纂续藏经》本为底本,以驹泽大学图书

[①] 《圆悟克勤传》,2012 年,第 208 页。

馆所藏刻本（简称"驹泽本"）为主要参校本。原书为繁体竖排，现改为简体横排，添加现代标点，同时保留少量异体字。本次点校不改变原书的卷数及目录，以小字表示著语部分，用单独的段落表示克勤的评唱。对于评唱部分，一旦出现"师曰"字样，一律对此段加引号表此处为克勤所说；若无"师曰"，则不加引号，但其实此处也是克勤的评唱。同时，对书中表示省略某些内容的"云云"，也以小字标示。另外，由于《佛果击节录》的版本不多，且差别不大，所以本次校注，以"注"为主，若版本之间有差别，在注释中说明。

在分工方面，由王大伟校注上卷，郭俊良校注下卷。初稿完成后，经过数次讨论、修改、互校，最终由王大伟统稿。可以说，本次校注的完成，是两人通力合作的结果。

王大伟
2013 年 8 月 5 日

重刻《圆悟禅师击节录》题辞

圆悟禅师，电机波辨，色丝妙绝，可谓文武火炉锻练学人矣！惜乎集录者，采撷微言，而失之简，加之三豕门五，睹者眼眩焉。顷予友淳公，搜猎竺典，企予祖躅，以弥缝于阙。盖藻镜①当台，妍愧可逃乎哉？晨星落落，秦无人也。冀邈乎雾海，早刮目于南针。

元文戊午②秋九月谷旦③，常州④沙门说，驴年⑤序。

明觉禅师《瀑泉集》，见存乎大藏中。大古希音，和者鲜矣。圆悟禅师，击节乎其间，教人不觉手舞足蹈。可惜此土之旧刊，不啻失诸刀刁鲁鱼，提纲谬混著语，两则合作一则，况乎举类多，其所录者疏也。是以读者如箝，岂匪一大欠事哉？黑非佛果

---

① 藻镜：同"藻鉴"，品藻和鉴别的意思。
② 元文戊戌：就是公元1738年。元文，是日本樱町天皇的年号（1736~1741），此时正值中国清高宗（乾隆皇帝）在位。
③ 谷旦：同"榖旦"，指良晨，晴朗美好的日子。旧时常用为吉日的代称。
④ 常州：日本古代令制国之一的常陆国的俗称，约位于今天日本的茨城县。
⑤ 驴年：禅宗表达"无期"之意的一种譬喻。十二地支中各有所属之生肖，其中无驴，即无驴年，故以之譬喻永无可期之日。《景德传灯录》卷九："一日在窗下看经，蜂子投窗纸求出，师睹之曰：'世界如许广阔，不肯出，钻他故纸，驴年去得。'"

耳孙,谬涉字海,猎禅林而获于其鱼兔,盖彼此交奏,稍识正音欤。且如类则事迹,别出一卷,未慊于怀。绠短不构深泉,曲远难尽其响。罪过弥天,一任诸方贬剥。关西黑太淳,阁笔于东武吉祥之草庐云:

> 是录撰次,不吻合于拈古者,盖所闻纷纭,未经考订,卒录之故欤,今辄仍旧耳。先贤未游刃乎此书,故勾棘难晓也。今有古德之颂者,掇标之上方。未睹善本,蹉跌①漏落。偕诸同袍,痴人说梦,不则遗臭千载,勿吝惊策则幸。

---

① 跌:"跌"疑此字应为"跌","蹉跌"有失误之意。

目　录

佛果击节录　卷上

第一则　德山示众 …………………………………… *2*
第二则　雪峰普请 …………………………………… *7*
第三则　百丈拂子 …………………………………… *9*
第四则　崇寿指凳 …………………………………… *13*
第五则　永嘉绕锡 …………………………………… *14*
第六则　仰山指雪 …………………………………… *16*
第七则　香严垂语 …………………………………… *18*
第八则　鲁祖吃饭 …………………………………… *20*
第九则　雪峰古涧 …………………………………… *22*
第十则　西堂烂却 …………………………………… *24*
第十一则　钦山竖拳 ………………………………… *26*
第十二则　睦州茗䓣 ………………………………… *28*
第十三则　枣树汉国 ………………………………… *30*
第十四则　赵州偷笋 ………………………………… *33*
第十五则　保寿开堂 ………………………………… *35*
第十六则　无业妄想 ………………………………… *40*
第十七则　德山作么 ………………………………… *42*

第十八则　保福签瓜 …………………………………… 44

第十九则　南泉示众 …………………………………… 46

第二十则　马祖图相 …………………………………… 48

第二十一则　兴化罚钱 ………………………………… 49

第二十二则　长庆淘金 ………………………………… 52

第二十三则　大梅无意 ………………………………… 54

第二十四则　临济蒿枝 ………………………………… 56

第二十五则　师祖珠藏 ………………………………… 58

第二十六则　镜清问僧 ………………………………… 60

第二十七则　云门法身 ………………………………… 61

第二十八则　三圣金鳞 ………………………………… 62

第二十九则　伏牛驰书 ………………………………… 63

第三十则　玄沙过患 …………………………………… 65

第三十一则　报慈问僧 ………………………………… 66

第三十二则　船子丝纶 ………………………………… 67

第三十三则　投子一言 ………………………………… 69

第三十四则　祖师六尘 ………………………………… 71

第三十五则　本生拄杖 ………………………………… 73

第三十六则　安国伊兰 ………………………………… 75

第三十七则　玄沙见虎 ………………………………… 76

第三十八则　洞山三顿 ………………………………… 78

佛果击节录　卷下

第三十九则　大慈示众 ………………………………… 82

第四十则　黄檗闭门	86
第四十一则　镜清方便	88
第四十二则　香林衲衣	90
第四十三则　本仁示众	92
第四十四则　国师三唤	93
第四十五则　投子抑逼	94
第四十六则　云门示众	96
第四十七则　智门草鞋	97
第四十八则　雪峰五棒	98
第四十九则　径山一点	99
第五十则　睦州担板	101
第五十一则　巴陵示众	102
第五十二则　则川摘茶	103
第五十三则　云门裂破	105
第五十四则　睦州钵囊	106
第五十五则　雪峰三下	107
第五十六则　南泉出世	108
第五十七则　钦山恁么	110
第五十八则　玄沙问僧	112
第五十九则　长庆羚羊	114
第六十则　圆明示众	115
第六十一则　南院诸圣	116
第六十二则　雪峰相见	117
第六十三则　国师净瓶	118

第六十四则　茱萸看箭	119
第六十五则　临济赴斋	121
第六十六则　三角示众	123
第六十七则　岩头跨门	124
第六十八则　太原顾视	125
第六十九则　云门三病	127
第七十则　　鼓山示众	129
第七十一则　睦州毛端	131
第七十二则　仰山坐次	132
第七十三则　智门般若	134
第七十四则　乌白参堂	136
第七十五则　雪峰天使	138
第七十六则　大随普贤	140
第七十七则　云门新罗	142
第七十八则　北禅资福	143
第七十九则　睦州示众	144
第八十则　　玄沙圆相	146
第八十一则　南泉卖身	147
第八十二则　茱萸一橛	149
第八十三则　夹山生死	150
第八十四则　保福羚羊	151
第八十五则　巴陵祖意	152
第八十六则　赵州答话	153
第八十七则　耽源辞师	155

第八十八则　沩仰田中 ················ *156*

第八十九则　雪峰覆船 ················ *158*

第九十则　保福扶犁 ·················· *160*

第九十一则　大梅鼯鼠 ················ *161*

第九十二则　赵州般若 ················ *163*

第九十三则　德山托钵 ················ *164*

第九十四则　雪峰古镜 ················ *166*

第九十五则　洞山衣钵 ················ *167*

第九十六则　投子三星 ················ *168*

第九十七则　洛浦伏膺 ················ *170*

第九十八则　香严仙陀 ················ *172*

第九十九则　风穴离微 ················ *173*

第一百则　古德沙水 ·················· *174*

附录

　　《雪窦拈古》 ···················· *175*

主要参考文献 ······················ *200*

卷上

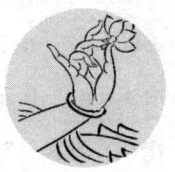

第一则　德山示众

举德山示众①云："今夜不答话，言犹在耳。问话者三十棒。打云：'吃棒了也！'"时有僧出礼拜，山便打。忘前失后汉。僧云："某甲话也未问。"却较些子②。山云："你是甚处人？"换却眼睛。僧云："新罗人。"却换德山眼睛。山云："未踏船舷，好打三十棒。"大小德山，作这般去就。法眼③拈云："大小德山，话作两橛。"漆桶夜生光。圆明④拈云："大小德山，龙头蛇尾。"乌龟钻破壁。雪窦拈云："二老宿，虽善裁长补短，舍重从轻，错下名言。要见德山亦未可。还曾梦

---

① 示众：禅林用语。于禅林中，禅师为门弟大众等开示宗要，称为示众。又作垂语、垂示。
② 较些子：指好一些，马马虎虎，说得过去。
③ 法眼：指法眼文益禅师，又作清凉文益。《宋高僧传》卷十三《周金陵清凉文益传》："释文益，姓鲁氏，余杭人也。年甫七龄，挺然出俗，削染于新定智通院，依全伟禅伯。弱年，得形俱无作法于越州开元寺……属律匠希觉师盛化其徒于鄮山育王寺，甚得持犯之趣。又游文雅之场，觉师许命为我门之游夏也。寻则玄机一发，杂务俱损。振锡南游，止长庆禅师法会。已决疑滞，更约伴西出湖湘。尔日暴雨不进，暂望西院寄度信宿，避溪涨之患耳。遂参宣法大师，曾住漳浦罗汉，闽人止呼罗汉。罗汉素知益在长庆颖脱，锐意接之，唱导之。由玄沙与雪峰血脉殊异，益疑山顿摧，正路斯得，欣欣然挂囊栖止，变涂回轨，确乎不拔。寻游方却抵临川，邦伯命居崇寿，四远之僧求益者不减千计。江南国主李氏始祖知重，迎住报恩禅院，署号净慧。厥后微言欲绝，大梦谁醒。既传法而有归，亦同凡而示灭。以周显德五年戊午岁秋七月十七日有疾，国主纡于方丈问疾。闰月五日，剃发澡身，与众言别，加趺而尽，颜貌如生，俗年七十四，腊五十五。私谥曰大法眼，塔号无相。俾城下僧寺具威仪礼迎，引奉全身于江宁县丹阳乡起塔焉。"（第313~314页）。
④ 圆明：指的是德山缘密禅师，是云门文偃禅师的法嗣，禅宗文献中经常称其为"圆明大师"。

见德山么？何故？德山大似握阃外①威权，有当断不断，不招其乱底剑。险！诸人要识新罗僧么？莫是阇黎？只是撞着露柱的瞎汉。自领出去。"

师云："古人举一机一境，皆明此事。且世尊未举花已前，是个什么道理？后来所以买帽相头，相席打令。如今只管记忆千端万端，打葛藤，有什么了期？多知多解，转生烦恼。古人或拈古颂古一则因缘，须是出得他古人意方可拈掇。只如德山，本是西蜀讲《金刚经》座主，闻南方禅宗大兴，他云：'南方魔子如此盛！'遂罢讲散徒，擎将疏钞，欲破禅宗，及至龙潭②，言下大悟。后住德山，三日一回搜堂，凡见文字即时烧却，十二时中打

---

① 阃外：指朝廷之外或边关，同时也指外任的官员或将军。阃，门槛的意思。
② 龙潭：即龙潭崇信禅师，唐代禅僧，嗣法于天皇道悟。《五灯会元》卷七《龙潭崇信禅师》："龙潭崇信禅师，渚宫人也。其家卖饼。师少而英异。初悟和尚为灵鉴潜请居天皇寺，人莫之测。师家于寺巷，常日以十饼馈之。天皇受之，每食毕，常留一饼曰：'吾惠汝以荫子孙。'师一日自念曰：'饼是我持去，何以返遗我邪？其别有旨乎？'遂造而问焉。皇曰：'是汝持来，复汝何咎？'师闻之，颇晓玄旨。因投出家，皇曰：'汝昔崇福善，今信吾言，可名崇信。'由是服勤左右。一日问曰：'某自到来，不蒙指示心要。'皇曰：'自汝到来，吾未尝不指汝心要。'师曰：'何处指示？'皇曰：'汝擎茶来，吾为汝接。汝行食来，吾为汝受。汝和南时，吾便低首。何处不指示心要？'师低头良久。皇曰：'见则直下便见，拟思即差。'师当下开解，复问：'如何保任？'皇曰：'任性逍遥，随缘放旷。但尽凡心，别无圣解。'师后诣澧阳龙潭栖止。（第370~371页。）

风打雨。后来出岩头①、雪峰②，如龙似虎相似。到他打葛藤时，自有奇特处。一日示众道：'汝但无事于心，于心无事，则虚而灵，寂而妙。'又道：'捉空追响，劳汝心神，梦觉觉非，觉亦非觉。'一日岩头来参，才展坐具，德山以拄杖挑向阶下，岩头下阶收得，便去参堂。来日却上问讯，侍立次，山云：'你什么处学得这个虚头来？'岩头云：'某甲不敢自谩。'山云：'你已后向老僧头上屙去在。'且道他见个什么却不打他？岂不是有奇特处方可如此。岩头一日来参，脚才跨门，便问是凡是圣。德山便喝，岩头便礼拜。且道他父子见个什么便如此奇特？五祖先师③道：'他既是开个铺席，为什么却不答话？且道德山意在什么处？'这僧也好奇特，跳出众来便礼拜，德山便打，一似鹰拿燕雀，似鹘捉鸠。只如法眼拈道：'大小德山，话作两橛。'可谓据款结案。圆明拈道：'大小德山，龙头蛇尾。'也是看孔着楔。如

---

① 岩头：指的是岩头全奯禅师（828~887），也名"全豁"，唐代禅僧。据《祖堂集》卷七："岩头和尚嗣德山，在鄂州唐宁住。师讳'全奯'，俗姓柯，泉州南安县人也。受业灵泉寺义公下，于长安西明寺具戒。"（第335页）全奯与雪峰义存、钦山文邃同修，参学于德山宣鉴，为其法嗣。后于洞庭湖畔的卧龙山创岩头院，故又称"岩头全奯"。唐光启三年（887）四月，被贼乱所害，世寿六十，谥号"清俨大师"。

② 雪峰：指的是唐代雪峰义存禅师（822~908）。师泉州南安人，俗姓曾，号雪峰。据《景德传灯录》卷十六："（义存）年十二从其父游莆田玉涧寺，见刹庆玄律师遽拜曰：'我师也。'遂留侍焉。十七落发，谒芙蓉山常照大师，照抚而器之。后往幽州宝刹寺受具足戒，久历禅会，缘契德山。唐咸通中回闽中，登象骨山雪峰创院，徒侣禽然。懿宗赐号'真觉大师'，仍赐紫袈裟。"（《大正藏》第51册，第327页上。）因福州象骨山，"山之巅，先冬而雪，盛夏而寒……行实乃请名其山曰雪峰，以其冬雪夏寒，取鹫岭、猴江之义。斯则庚寅逮于乙未，存以山而道任，山以存而名出。"（《宋高僧传》，第287页。）义存在此创立庵庙，也以"雪峰"为号。义存回闽后，备受闽王优待，"及闽王王氏誓众养民之外，雅隆其道，凡斋僧构刹，必请问焉。为之增宇、设像、铸钟以严其山，优施以充其众"。（第288页。）禅师在开平二年（908）五月入寂，俗寿八十七，法腊五十九。

③ 五祖先师：指圆悟克勤的老师五祖法演禅师。

今作么生会这公案，若做'两橛会'，且得没交涉，便作'龙头蛇尾会'，且得没交涉。既不恁么会，毕竟作么生？且道二老宿，为什么却如此拈？诸人试着眼看。古人道：'狮子咬人，狂狗逐块。'如今作么生见得德山去？所以拈古十个，拈做十般。要须出他古人意，方唤作拈古。只如傅大士道：'夜夜抱佛眠，朝朝还共起，要知佛去处，只这语声是。'看他玄沙①拈道：'大小傅大士，只认个昭昭灵灵。'又灵云②见桃花便悟云：'自从一见桃花后，直至如今更不疑。'玄沙云：'谛当甚谛当，敢保老兄未彻在。'且道他意在什么处？雪窦一似古人，先拈他两人语道：'此二老宿，虽善裁长补短，舍重从轻，且道甚么处是裁长补短处？什么处是舍重从轻处？'此两个分明点检德山，雪窦拈来，为甚么却道要见德山亦未可。雪窦后面也只要见德山这些子也难，后来人便邪解道：'法眼圆明，只是裁长补短，舍重从轻。只管作露布，有什么交涉？'雪窦拈道：'德山似个什么？如阃外将军相似。有威有权，为他有个剑。当断不断时，也不招其乱。'雪窦如此拈，也有错会者不少。雪窦前面拈了，为什么又拈道'诸人要识新罗僧么？只是撞着露柱底瞎汉。'诸人！且道什么处是这

---

① 玄沙：指唐末五代玄沙师备禅师。据《宋高僧传》卷十三《梁福州玄沙院师备传》："释师备，俗姓谢，闽人也……一日，忽发出尘意，投钓弃舟，上芙蓉山出家，咸通初年也。后于豫章开元寺具戒，还归故里，山门力役，无不率先……备同学法兄，则雪峰存师也，一再相逢。存多许与。故目之为'备头陀'焉……先开荒雪峰，备多率力。王氏始有闽土，奏赐紫衣，号'宗一大师'。以开平二年戊辰十一月二十七日示疾而终，春秋七十四，僧腊四十四。闽越忠懿王王氏树塔。备三十年演化，禅侣七百许人。"（第305~306页）
② 灵云：指的是福州灵云志勤禅师，这位禅师因见桃花悟道，他也因《桃花颂》而广被禅门称道。据《联灯会要》卷十："（志勤）本郡长溪人也，参长庆大安禅师，复游雪峰、玄沙之门。偶一日见桃花，豁然契悟，作颂云：'三十年来寻剑客，几回叶落又抽枝。自从一见桃花后，直至如今更不疑。'"（《卍新纂续藏经》第79册，第91页上。）

僧瞎处？人多情解道，等他德山道：'你是什么处人？'当时便以坐具劈面搋。痴人若如此，德山便放你也。且道毕竟什么处是这僧瞎处？"师便打。

第二则 雪峰普请

举雪峰一日普请①，自负一束藤，劳而无功。路逢一僧，峰便抛下。力尽神疲。僧方拟取，峰便踏倒。下坡不走快，便难逢。归举似②长生③，乃云："我今日踏这僧快。"少卖弄。生云："和尚替这僧入涅槃堂始得。"闹市里要一个半个。峰便休去。可惜放过。雪窦拈云："长生大似东家人死，西家助哀，也好与一踏。"阇黎也须急着眼始得。

师云："只这雪窦合吃多少，如今且放过一着。雪峰为一千五百人善知识，当时日日普请，运水搬柴。岂似如今兄弟，端坐饱食，不知惭愧。不见云门问僧：'甚么处来？'僧云：'负柴来。'门云：'闲口。'且道他云门意又作么生？诸人试体究看。只如雪峰普请处踏倒这僧，归举似长生，长生是个活泼泼地汉，

---

① 普请：禅林共同劳作的一项制度。无著道忠释为："集众作务曰普请。"（《禅林象器笺》卷九，《佛光大藏经·禅藏·禅林象器笺二》，第662页。）《敕修百丈清规》卷六："普请之法，盖上下均力也。凡安众处，有必合资众力而办者。"（第1144页上。）《大宋僧史略》卷一："共作者谓之普请。"（《大正藏》第54册，第240页中。）其实普请也未必专指集体劳动，大家一起出席某项活动，也可视为普请。如在亡僧送亡活动中，大家参与送葬也是普请的一种；《敕修百丈清规》中就有"粥罢普请送亡"的记载。（《敕修百丈清规》卷六；《大正藏》第48册，第1148页中。）

② 举似：谓以言语提示古则，或以物示人。

③ 长生：指的是雪峰义存的法嗣长生皎然禅师，目前只知其为福州人，其他事迹不详。

便道和尚也须替这僧入涅槃堂始得。只这雪峰老汉，也好当时便休去，到这里作么生凑泊？也须是三根椽①下，五尺单②前，静坐究取始得。看雪窦老婆拈似与诸人，到这里见得去，自然打着南边动北边。才拈起，便眼卓朔地。雪窦拈掇他这因缘，人多邪解，别生知见义路，只管解将去。殊不知，雪窦意元不如此，且道他意在什么处？也好与一踏，且莫错会。"

---

① 三根椽：指的是："僧堂之床，每人座位横占可三尺许，乃各各头上之椽有三条，故言三条椽下。"（《禅林象器笺》卷一：《佛光大藏经·禅藏·禅林象器笺一》，第71~72页。）
② 五尺单：指的就是僧堂中的单位。在禅宗文献中有七尺单、六尺单、五尺单之说。无著道忠释为："单者，用小红纸片，题众僧名，贴各各位上壁……有己名单之位，此谓单位也。又僧堂床前之板曰单，阔八寸。《日用轨范》言床前一尺，盖依周尺也。凡言七尺单前者，非帐帷之长，谓自床后至前六尺，更加单板一尺，合成七尺也……又有称六尺单，盖除单板为六尺乎……又有称五尺单，盖亦六尺单，用周尺则四尺八寸，存大数，言五尺也。"（《禅林象器笺》卷二：《佛光大藏经·禅林象器笺一》，第133~134页。）在禅宗文献中，有许多以"七尺单、六尺单、五尺单"为话头的禅师话语，如《圆悟佛果禅师语录》卷十三："若也未明得，且向三根椽下，七尺单前，默默地究取。"（《大正藏》第47册，第775页上。）《幻住庵清规》："兄弟家三条椽下，七尺单前，外绝诸缘，内心不动。"（《卍新纂续藏经》第63册，第583页下。）《续古尊宿语要》卷五："十字街头，浩浩尘中，与三条椽下，六尺单前，亦何有异？"（《卍新纂续藏经》第68册，第464页上。）可以说，所谓的"三根椽，（五、六、七）尺单"已经成为禅师讲法时的习惯用语，经常出现在禅宗文献中。

第三则 百丈拂子

举百丈再参马祖，不唧嵧汉。侍立次，祖以目视禅床角头拂子①。两个一场败阙。丈云：“即此用，离此用。”情知泥里洗土块。祖云：“你他后开两片皮，将何为人？”也要知你落处。丈取拂子竖起，虾跳不出斗。祖云：“即此用，离此用。”验人端的处，下口即知音。丈挂拂子于旧处，果然只在旧窠窟。祖便喝，轮王髻中珠，不可轻分付。百丈直得三日耳聋。虽然如是，若不酬价，争辨真伪。雪窦拈云：“奇怪！诸禅德，也不免遭他点检。如今列其派者甚多，莫欺我儿孙。究其源者极少。雪窦从来点胸。总道百丈于喝下大悟，还端的也无。自是他把不住。然刀刁相似，鱼鲁参差，曹溪波浪如相似，无限平人被陆沉。若是

① 拂子：本是僧众驱除蚊虫的工具，后来成为禅僧的“庄严物”和“道具”（修道必备的器具）之一。唐代义净译的《根本说一切有部毗奈耶杂事》卷六中记载了佛允许比丘们制作拂子驱赶蚊虫：“缘在广严城猕猴池侧，高阁堂中。时诸苾刍为蚊虫所食，身体患蛘，爬搔不息。俗人见时问言：‘圣者！何故如是？’以事具答。彼言：‘圣者何故不持拂蚊子物？’答言：‘世尊不许。’广说如前，乃至以缘白佛。佛言：‘我今听诸苾刍畜拂蚊子物。’是时六众闻佛许已，便以众宝作柄，用牦牛尾而为其拂。俗人既见，广说如前。乃至佛言：‘有其五种袪蚊子物，一者捻羊毛作，二用麻作，三用细裂叠布，四用故破物，五用树枝梢。若用宝物，得恶作罪。’”（《大正藏》第24册，第229页中。）在禅寺中，拂子也是一种庄严器具，如在达摩祖师忌日的仪式筹备就是：“法座挂真，严设祭筵，炉瓶香几，一一如仪。上间即设禅椅、拂子、衣架挂法衣；下间设椅子、经案、炉瓶、香烛、经卷而已。”（《禅林备用清规》卷一：《卍新纂续藏经》第63册，第624页下。）在禅僧的生活修道物品中（也即是所谓的“道具”），拂子也为其中之一，如《敕修百丈清规》卷五所列的十三种道具中，就包括拂子。

明眼汉，瞒他一点不得。明眼汉正好瞒。只如马祖道：'你他后开两片皮，将何为人？'人将财试，金将火试。百丈竖起拂子，机境未忘。为复如虫御木，正是！为复啐啄同时？梦见。诸人要会三日耳聋么？雪窦还会么？大冶精金，应无变色。错下名言，不是今日。"

师云："百丈和尚侍奉马祖二十余年，最得马祖提诲。此一则因缘，丛林谓之'再参马祖话'。人多举得不同，然宗师家只拈他着力处。古时尊宿才见僧来，便举起拂子；问佛法或问祖意、西来意，多举起拂子。所谓如狮子教儿迷踪诀，才方跳掷又翻身了也。须会他宗师家手脚，始得如此奇绝。看他师资相见，如印印空，更无瑕玷；如印印泥，谁辨得他字义？到这里，'道吾舞笏①同人会，石巩张弓②作者知'；如印印水，涅槃心易晓，

---

① 道吾舞笏：据《景德传灯录》卷十一："襄州关南道吾和尚，始经村墅，闻巫者乐神云：'识神无？'师忽然惺悟。后参常禅师，印其所解。复游德山门下，法味弥著。凡上堂示徒，戴莲花笠，披襕执简，击鼓吹笛，口称'鲁三郎'。有时云：'打动关南鼓，唱起德山歌。'僧问：'如何是祖师西来意？'师以简揖云：'喏！'"（《大正藏》第51册，第288页下。）道吾和尚以简指示禅意的典故，成为"道吾舞笏"的由来。
② 石巩张弓：指唐代石巩慧藏禅师。据《景德传灯录》卷六："抚州石巩慧藏禅师，本以弋猎为务，恶见沙门，因逐群鹿从马祖庵前过，祖乃逆之。藏问：'和尚见鹿过否？'祖曰：'汝是何人？'曰：'猎者。'祖曰：'汝解射否？'曰：'解射。'祖曰：'汝一箭射几个？'曰：'一箭射一个。'祖曰：'汝不解射。'曰：'和尚解射否？'曰：'解射。'曰：'和尚一箭射几个？'祖曰：'一箭射一群。'曰：'彼此是命，何用射他一群？'祖曰：'汝既知如是，何不自射？'曰：'若教某甲自射，即无下手处。'祖曰：'遮汉旷劫无明，烦恼今日顿息。'藏当时毁弃弓箭，自以刀截发，投祖出家。"（《大正藏》第51册，第248页中。）慧藏禅师开悟后，并未放弃当初因"射箭开悟"的因缘，也用此方法训导徒众，如《宋高僧传》卷十二《唐福州怡山院大安传》中的大安禅师，就因不畏飞箭而得到慧藏的肯定："释大安，姓陈氏，闽城人也……之临川，见石巩山慧藏禅师。藏之提唱，必引弓弩以拟学人。安服拜未兴，唱曰：'看箭。'安神色不挠，答对不差。石巩乃投弩曰：'几年射，始中半人也矣。'"（第281~282页。）除此之外：《景德传灯录》卷十四中也有类似故事："漳州三平义忠禅师，福州人也，姓杨氏。初参石巩，石巩常张弓架箭以待学徒。师诣法席，巩曰：'看箭。'师乃拨开胸云：'此是杀人箭，活人箭又作么生？'巩乃扣弦三下，师便作礼。巩云：'三十年一张弓两只箭，只射得半个圣人。'遂拗折弓箭。"（《大正藏》第51册，第316页中。）

差别智难明。只如沩山问仰山：'马祖出八十四员善知识，几人得大机，几人得大用？'仰山云：'百丈得大机，黄檗得大用，自余皆是唱道之师。'看他马祖一喝，百丈直得三日耳聋，且道此一喝意作么生？不见适来道：'轮王髻中珠，不可轻分付。'古人那里肯独自用来，且打葛藤，引相似一二。不见丹霞访庞居士，问灵照①云：'居士在否？'灵照敛手而立；又问：'居士在否？'灵照携篮便行。僧又问灵云：'佛未出世时如何？'云竖起拂子；又问出世后如何，云亦竖起拂子。又问雪峰：'佛未出世时如何？'峰竖起拂子；'出世后如何？'峰抛下拂子。僧礼拜，峰便打。到这里，'棒头有眼明如日，要识真金火里看'。后来黄檗才见百丈，丈问：'巍巍堂堂，从甚么处来？'檗云：'巍巍堂堂，从岭南来。'丈云：'巍巍堂堂，来为何事？'檗云：'巍巍堂堂，不为别事。'一日黄檗谓百丈云：'暂别左右，欲礼拜马祖去。'丈云：'马祖已迁化了也。'檗云：'未审马祖在日，有何言句？'丈遂举再参因缘，黄檗不觉吐舌。但如此参到至玄至妙处，随分举一毫，便盖天盖地，便能拈一茎草，作丈六金身用，将丈六金身，作一茎草用，天下人总不奈你何。古人道：'三日耳聋由自可，三圣瞎驴②愁杀人。'且道作么生会他怎么道？汾阳道：'悟去便休，说甚么三日耳聋。'石门聪③云：'若不是三日耳聋，争承当得这一喝。'汾阳后来道：'我当时恁么道，犹较石门半月程。'雪窦拈云：'奇怪！诸禅德，如今列其派者甚多，究其源者

---

① 灵照：庞居士之女。
② 瞎驴：盲目之驴马，譬至愚也。
③ 石门聪：指的是石门蕴聪禅师。据《禅林宝训音义》卷一："襄州谷隐山石门寺，蕴聪禅师，嗣首山念禅师，南岳下九世。"（《卍新纂续藏经》第64册，第440页上。）

极少。'雪窦拈汾阳、石门,总道百丈于喝下大悟。似则似,争奈鱼鲁参差。若是明眼汉,瞒他一点不得。只如马祖道:'你已后开两片皮,将何为人?'百丈竖起拂子,为复是如虫御木,为复是啐啄同时?殊不知,雪窦一口吞尽,亦乃尽神通妙用。拈出似与人,既拈出他,且毕竟如何出他一只眼。你等诸人,要见三日耳聋么?'大冶精金,应无变色。'这语句沉却多少人了也。雪窦要出气露一机一境,千古万古扑不破,诸人且莫错会好。"

第四则　崇寿指凳

举崇寿指凳①子只是凳子。云："识得凳子，周匝有余。"十方世界外，更有世界在。云门云："识得凳子，天地悬殊。"减得一半。雪窦拈云："泽广藏山，理能伏豹。"任大也须从地起，更高争奈有天何？

师云："无味之谈，塞断人口，且道古人为甚么至理之言却不举，却指凳子？诸人且道有什么奇特处？云门道：'天地悬殊。'怀和尚②却道：'楠榆木做。'秀圆通③道：'四脚着地，和崇寿一坑埋却。'山僧这里不要凳子，只要田地上净洁。所以雪窦拈云：'泽广藏山，理能伏豹。'雪窦道如此，未审是明他语，点他话，是褒是贬。凡是一拈一提，若是有工夫，自然盖天盖地。"

---

① 崇寿指凳：指的是一则禅宗公案，主要内容是唐代法眼文益与云门文偃之间借凳子来显示禅机。崇寿，指的是文益禅师曾居住的崇寿院。据《宋高僧传》卷十三《周金陵清凉院文益传》："（清凉文益）寻游方却抵临川，邦伯命居崇寿。四远之僧求益者，不减千计。"（第314页。）《五灯会元》卷十《金陵清凉院文益禅师》："师指凳子曰：'识得凳子，周匝有余。'（云门云：'识得凳子，天地悬殊。'）"（第565页。）
② 怀和尚：指的是天衣义怀，在其他禅宗文献中也记载了义怀类似的句子。如《联灯会要》卷二十六："天衣怀云：'识得橙子，棕楠木做。'"（《卍新纂续藏经》第79册，第232页中。）《正法眼藏》卷一："天衣云：'识得凳子，棕楠木做。'"（《卍新纂续藏经》第67册，第581页下。）
③ 秀圆通：指的是北宋开封法云寺法秀圆通禅师。据《禅林宝训音义》卷一："汴梁法云寺圆通法秀禅师，秦州陇城辛氏子，嗣天衣怀禅师。清源下十一世。"（《卍新纂续藏经》第64册，第456页上。）

第五则　永嘉绕锡

举永嘉大师到六祖，绕禅床三匝，振锡一下，卓然而立①。鱼行水浊。祖云："夫沙门具三千威仪，八万细行。大方之家，善收善放。大德从何方而来，生大我慢？便不屈人。"雪窦便喝，乃云："当时若下得这一喝，免得龙头蛇尾。"贼过后张弓。又再举绕禅床三匝，振锡一下，卓然而立。鸟飞毛落。代六祖云："未到曹溪，与你三十棒了也。"也是无风起浪。

永嘉大师，本是讲《维摩经》座主，因讲《维摩经》自悟，说得话惊人。因六祖会中，策禅师游三吴，预座随喜，见他讲得不同寻常座主见解。因讲散，遂诘其心地，所发之言，并同诸祖。策曰："仁者悟心，师是谁耶？受谁印可？"觉曰："我听《方等》《维摩》经论，并无师承。于《维摩经》悟佛心宗，无人证据。"策曰："仁者！威音王已前则得，威音王已后无师自悟，尽是天然外道。"觉曰："愿仁者为我印证。"策曰："我乃言轻，有第六祖师在曹溪，四方云集，并是受法之人。"觉率策同

---

① 举永嘉大师……而立：此典故出自《坛经》，据《六祖大师法宝坛经》所记："觉（永嘉玄觉）遂同策（玄策）来参，绕师三匝，振锡而立。师曰：'夫沙门者，具三千威仪、八万细行。大德自何方而来，生大我慢？'"（《大正藏》第48册，第357页下。）

至曹溪印可。永嘉既至曹溪,见六祖坐次,持锡绕绳床三匝,振锡一下,卓然而立。六祖云:"夫沙门具三千威仪,八万细行。大德从何方来,生大我慢?"永嘉也好,便道:"生死事大,无常迅速。"六祖本要抛个钩钓永嘉,却倒被永嘉钓将去。两家只管打葛藤,一对一问,千古万古悉皆如此。末后六祖道:"如是!如是!"永嘉便行,祖云:"少留一宿。"故号为"一宿觉",名"玄觉",号"真觉"。雪窦拈古有大手脚,更不引问答,直引他初见六祖语。雪窦拈弄永嘉道"生死事大,无常迅速",且得没交涉。雪窦教永嘉下喝,免见后人指注,且道明什么边事?这一喝似个什么?似置一宝珠向面前,若是有钱人便买将去,当时属你也。宗师家拈古有出群处,却再举六祖道,等绕绳床三匝,振锡一下,卓然而立,好向他道:"未到曹溪,已与你三十棒了也。"雪窦前头与永嘉出一只眼,这里与六祖出一只眼,且道雪窦意作么生?

第六则　仰山指雪

举仰山指雪狮子①云："还有过此色者么？"瞎！云门云："当时便与推倒。"不奈船何，打破戽斗②。雪窦拈云："只解推倒，不能扶起。"将错就错。

师云："仰山侍奉沩山，前后二十余年，乃去行化。一日归省，侍沩山，山问：'子称善知识，争辨得诸方来者，知有不知有？有师承无师承？是义学是玄学？试说看。'仰山云：'有个验处，但见诸方僧来，竖起拂子，问伊诸方还说这个，不说这个。这个且置，诸方老宿意作么生？'沩山叹曰：'此是宗门中牙

---

① 仰山指雪狮子："仰山指雪"是禅宗公案之一。一日，仰山慧寂禅师见石狮子被雪覆盖，便指雪狮子说："还有过此色者么？"《宋高僧传》卷十二中有慧寂的传："释慧寂，俗姓叶，韶州须昌人也。登年十五，恳请出家，父母都不听允。止十七，再求堂亲，犹豫未决。其夜有白光二道从曹溪发来，直贯其舍。时父母乃悟是子至诚之所感也。寂乃断左无名指及小指，器藉跪致堂阶曰：'答谢劬劳！'如此，父母知不可留，舍之。依南华寺通禅师下削染，年及十八，尚为息慈。营持道具，行寻知识。先见耽源。数年，良有所得。后参大沩山禅师，提诱哀之。栖泊十四五载，而足跛，时号跛脚驱乌。凡于商攉，多示其相。时韦胄就寂请伽陀，乃将纸画规圆相，圆围下注云：'思而知之，落第二头。云不思而知，落第三首。'乃封呈达。自尔有若干势以示学人，谓之仰山门风也。海众抠衣得道者，不可胜计，往往有神异之者，条来忽去，人皆不测。后敕追谥大师，曰智通，塔号妙光矣。今传《仰山法示成图相》，行于代也。"（第290～291页）
② 戽斗：两边系有两根绳的小桶（也可能是柳编的）。使用时需两人合力，汲水至高处的田地。"凡水岸稍下，不容置车，当旱之际，乃用戽斗。控以双绠，两人挈之。抒水上岸，以灌田稼。其斗或柳筲，或木罂，从所便也。"（《农政全书校注》卷十七，第435页）

爪①。'仰山有如此为人手段,所以一日指雪狮子问云:'还有过得此色者么?'且道他意在什么处?莫是明一色边事么?且得没交涉。既不明一色边事,又明个什么?所以道:'鹭鸶立雪非同色,明月芦花不似他。'巴陵鉴②和尚,僧问:'如何是提婆宗?'鉴云:'银碗里盛雪。'雪窦拈拄杖示众云:'把断世界,不漏丝毫,还构得也无?'所以云门道:'直得乾坤大地,无丝毫过患,只是转物,不见一色,犹为半提。直得如此,更须知有全提时节。'诸上座,翠峰③若是全提,尽大地人并须结舌。放一线道,转见不堪,以拄杖一时打散。雪窦悟到这般田地,方可为人。老僧道:'瞎!'诸人作么生会?云门应时应节,但与推倒。用拈仰山意,又被雪窦拈道,他只解推倒,不解扶起。且道雪窦意在什么处?"

---

① 牙爪:驹本作"爪牙"。
② 巴陵鉴:指的是岳州巴陵新开院颢鉴禅师,他是云门文偃的法嗣。对这位禅师的生平,佛教文献中几乎没有记载。其在佛教史中比较知名的是"巴陵三转语",并因此得文偃的赞赏。据《五灯会元》卷十五的记载:"师住后,更不作法嗣书,只将三转语上云门。僧问:'如何是道?'师曰:'明眼人落井。'问:'如何是吹毛剑?'师曰:'珊瑚枝枝撑着月。'问:'如何是提婆宗?'师曰:'银碗里盛雪。'门曰:'他后老僧忌日,只消举此三转语,足以报恩。'自后忌辰,果如所嘱。"(第937页。)
③ 翠峰:指的就是雪窦重显禅师,因其曾住持苏州洞庭翠峰禅寺。

第七则　香严垂语

举香严垂语①云作什么？："如人上树，还觉满口含霜么？口衔树枝，扑落也。手不攀枝，便有怎么人？脚不踏枝。奇怪！树下有人问西来意，阿谁？不对则违他所问，莫道！若对又丧身失命。伏惟尚享。正当恁么时，作么生即是？香严又扑落了也。"时有虎头上座出云："上树即不问，未上树请和尚道。"东家人死，西家助哀。香严呵呵大笑。也是落他缠缚了也。雪窦拈云："树上道即易，树下道即难。旁出一枝。老僧上树也，致一问来。险！"

诸方老汉得个见处，直是千般万计，提起为人，更不囊藏被盖。立个喻，令人易晓，却倒成难晓。何故？为慈悲深厚，令人转生情解。若是慈悲浅，却较些子。只如香严垂语道："若论此

---

① 香严垂语：此公案也称"香严上树"。《五灯会元》卷九中所记的"香严上树"的公案为："上堂：'若论此事，如人上树，口衔树枝，脚不踏枝，手不攀枝，树下忽有人问，如何是祖师西来意？不对他，又违他所问。若对他，又丧身失命。当恁么时作么生即得？'时有虎头招上座出云：'树上即不问，未上树时请和尚道。'师乃呵呵大笑。"（第538页）。香严，指的就是唐代香严智闲禅师。据《宋高僧传》卷十三《梁邓州香严山智闲传》："释智闲，青州人也。身裁七尺，博闻强记，有干略。亲党观其所以，谓之曰：'汝加力学，则他后成佐时之良器也。'俄尔，辞亲出俗。既而慕法心坚，至南方礼沩山大圆禅师盛会，咸推闲为俊敏。沩山一日召对茫然，将诸方要一时煨烬，曰：'画饼弗可充饥也。'便望南阳忠国师遗迹而居。偶芟除草木，击瓦砾，失笑，冥有所证，抒颂唱之，由兹盛化。终后，敕谥袭灯大师，塔号延福焉。"（第303～304页）。

事,如人上树,口衔树枝。"这个香严老婆心切,只这问,你若才生树上树下,对与不对处,转生义路,堕在常情,卒难透得。若是顶门上具眼的,终不向对与不对处作解会,未举已前先知落处。后学之流,须是透过这关捩子,始可出得身,吐得气。若透不过,坐在这里,名为"死汉",有什么用处?你看得底人迥别,便知他落处。香严才垂此语,便有虎头上座出云:"上树即不问,未上树请和尚道。"香严呵呵大笑,你道香严笑个什么?若知落处,说什么上与不上,若不知落处,也须退步看始得。若是作者,当机便见,若拟议之间,觌面蹉过。或不落二边,对也不是,不对也不是。作么生却得见古人意去?到这里若是具通方底手脚,说甚么树上树下,对与不对。如今山僧在这里,是上树是未上树,是对是不对?雪窦拈香严与虎头相见处,却教人致一问来,还有么?"树上道即易,树下道即难。"末后又道:"老僧上树也,致将一问来。"这些子如马前相扑,眨眼便输。雪窦于节角誵讹①处,拈出令人见。罗笼不肯住,呼唤不回头底汉,才闻人举,便知全机大用,善能拈提。看雪窦老汉,也不妨奇特。

---

① 誵讹:同"淆讹",混乱错误。

第八则　鲁祖吃饭

　　举僧问鲁祖①这面壁汉钝滞杀人："如何是不言言？"道什么？祖云："你口在什么处？"险！僧云："某甲无口。"撞着。祖云："将什么吃饭。"第二杓恶水来也。僧无语。可惜许，将成九仞之山，不进一篑之土。雪窦拈云："好劈脊便棒。也是迟了也。这般汉，开口了合不得，合口了开不得。雪窦却须替这僧吃棒始得。"

　　师云："鲁祖参马大师，住池州鲁祖山。凡见僧来便面壁，直下省要，只是难构。南泉闻云：'我寻常向人道，向佛未出世时承当，尚不得一个半个，他怎么驴年去？'一日南泉到来，抚师背一下。师云：'谁？'泉云：'普愿。'师云：'如何？'泉云：'也是寻常。'祖云：'得恁么多口。'僧问：'如何是双林树？'祖云：'有相身中无相身。'僧云：'如何是有相身中无相身？'祖云：'金香炉下铁昆仑。'又问：'如何是学人着力处？'祖云：'春来草自青。'僧云：'如何是不着力处？'祖云：'山崩石头

---

① 鲁祖：指的是中唐时鲁祖山宝云禅师。其生卒年与籍贯等均不详，是马祖道一的法嗣。关于宝云的公案，有"鲁祖面壁""鲁祖吃饭"等。如《景德传灯录》卷七："僧问：'如何是不言言？'师云：'汝口在什么处？'僧云：'无口。'师云：'将什么吃饭？'僧无对（洞山代云：'他不饥，吃什么饭？'）。师寻常见僧来，便面壁。南泉闻云：'我寻常向僧道：向佛未出世时会取，尚不得一个半个，他怎么驴年去？'"（《大正藏》第51册，第251页下～第252页上。）

落,平川烧火行。'鲁祖如此为人,诸公作么生会?试参详看。所以古人道:'欲得亲切,莫将问来问。'这僧致个问端,鲁祖便如此答。这僧如此进一转语,不妨奇特,争奈鲁祖是作家①炉鞴②,有大手段底,也出他不得。后来雪窦傍不肯③,便云:'好劈脊便打。'大众好去这里代这僧一转语,免见雪窦怎么道。若是具眼脑汉,终不向言语里作活计。"

---

① 作家:原意指善作诗文者。禅者亦以诗文举扬禅旨,为师者若体得真实义,能善巧度众者,亦称为作家。此外,发挥灵活之机法,以接引学人之师家或本分之宗师,称为作家知识。
② 鞴:古代为炉灶鼓风的皮囊。在禅宗传统中,"炉鞴"经常用来指锻炼禅僧的"熔炉",如《续古尊宿语要》卷三"圆悟勤禅师语"中有:"云居开大炉鞴,不止烹佛烹祖,但有一切持来,烈焰堆中辨取,是则当处平和,不是切宜退步。煅出金刚眼睛,直得乾坤独露。"(《卍新纂续藏经》第68册,第418页中。)《禅宗颂古联珠通集》卷三十二中记有佛鉴慧勤禅师曾说:"本分钳锤须煅炼,自家炉鞴且磨研,相逢莫问参玄事,此去西天万八千。"(《卍新纂续藏经》第65册,第675页中。)
③ 傍不肯:一种"步行虫"的俗称,是农作物害虫的天敌。北宋沈括《梦溪笔谈·杂志一》:"元丰中,庆州界生子方虫,方为秋田之害,忽有一虫生,如土狗蝎,其喙有钳,千万蔽地,遇子方虫,则以钳搏之,悉为两段。旬日子方皆尽,岁以大穰。其虫旧曾有之,土人谓之'傍不肯'。"(《文渊阁四库全书》本)

第九则　雪峰古涧

举僧问雪峰："古涧寒泉时如何？"戴得将来。峰云："瞪目不见底。"老婆心切。僧云："饮者如何？"正是降尊就卑。峰云："不从口入。"从什么处入？僧举似赵州。也须是这僧始得。州云："不可从鼻孔里入。"也须是这老汉始得。僧却问赵州："古涧寒泉时如何？"放过即不可。州云："苦！"不妨难为咬嚼。僧云："饮者如何？"更不再活。州云："死！"灼然。雪峰闻举云："赵州古佛。"从此不答话。也是什么心行。雪窦拈云："众中总道雪峰不出这僧问头，所以赵州不肯。多少人作者语话。如斯话会，深屈古人，灼然。雪窦即不然。看雪窦有甚么长处。斩钉截铁，本分宗师，分作两边。就下平高，难为作者。雪窦也出赵州缱绻不得。"

师云："雪窦拈来也是好心，也是不好心。何故？一手抬，一手搦。僧问雪峰：'古涧寒泉时如何？'峰云：'瞪目不见底。'僧云：'饮者如何？'峰云：'不从口入。'后人只管用作不答话会，作怎么去就驴年梦见。汾阳谓之借事明己，古涧寒泉时如何，瞪目不见底，此明他脚跟下事。雪峰是一千五百人善知识，依前用他问处答道：'瞪目不见底。'为他问道脚跟下事，似古涧寒泉相似，这老汉不妨亲切。古人道：'问在答处，答在问处。'

不见僧问云门:'佛法如水中月是否?'门云:'清波无透路。'且道是同是别?如今人只随语生解,殊不知,赵州与雪峰相见。州云:'不可从鼻孔里入。'雪峰云:'赵州古佛。'从此不答话,已是与他相见。且道这里意是如何?须是打破面前漆桶,始可入作。后人不善来风,走向赵州语下作活计。到这里若是通方汉,必知此二尊宿落处。雪峰云:'赵州古佛。'从此不答话。此一句语,如金如玉,难酬其价。雪峰虽答这僧话,终不去语句里作系驴橛,后人多少错会,妄去中间穿凿。殊不知本宗猷,此事若只在言句上,便不深屈古人。所谓'玉女已归霄汉去,呆郎犹在火炉边'。雪窦道:'众中总道雪峰答他话,便成就下平高。''难为作者',又是错会,吃雪窦毒药了也。此意与法眼话作两橛一般,只为他一手抬一手搦。只如赵州勘婆子,且道是勘破不勘破?且道雪峰是答他话不答他话?真如喆①拈赵州勘婆子话道:'天下衲僧只知问路老婆,要且不知脚下泥深,若非赵州老人,争显功高汗马。'只如雪窦道:'如斯话会,深屈古人。'且道是屈是不屈?怀和尚道:'作么生会不答话底道理?'赞叹赵州即不无,还知赵州一片玉瑕生么?若点检得出,相如不诳于秦王。雪窦分明拈了也,而今人却不去见赵州、雪峰,却走去咬雪窦语句,去语脉上走。不知他雪窦一手抬一手搦,且道阿谁是斩钉截铁本分宗师?阿谁是就下平高难为作者?到这老直饶辨得去,也只是语脉上走。"

---

① 真如喆:指的是宋代真如慕喆禅师。据《建中靖国续灯录》卷十四:"讳慕喆,姓闻氏,抚州临川人也。龆龀依建昌军永安院圆觉大师出家受具,后弊衣粝食,介然不群,励志游方,遍参宗匠。晚造翠岩(可)真禅师法席,投机去契,推为上首。始住岳麓大沩,晚奉诏旨住智海禅院(位于开封大相国寺)。"(《卍新纂续藏经》第78册,第726页上。)

第十则　西堂烂却

举僧问西堂①："有问有答，宾主历然，无问无答时如何？"师低头作应声。西堂云："怕烂却那。"也是草里汉。又问长庆②："有问有答，宾主历然，无问无答时如何？"也不得放过。庆云："相逢尽道休官去，林下何曾见一人？"也善东瞥西瞥。雪窦拈云："何不与本分草料？"且道作么生是本分草料？

师云："不堕心机意想，如何得平稳去？古人道：'欲得亲切，莫将问来问。'何故？问即似偷人物了，更云：'我去彼中，偷得甚物来？'乃在这里，贼赃已露。这僧致个问端一似如此，

---

① 西堂：指唐代西堂智藏禅师（735~814）。据《宋高僧传》卷十："唐虔州西堂释智藏，姓廖氏，虔化人也。生有奇表，亲党异其伟器。八岁从师，道趣高邈。随大寂移居龚公山，后谒径山国一禅师，与其谈论周旋，人皆改观。属元戎路嗣恭请大寂居府，藏乃回郡，得大寂付授纳袈裟。时亚相李公兼、国相齐公映、中郎裴公通皆倾心顺教。元和九年（814）四月八日终，春秋八十，夏腊五十五。即迁于塔，谏议大夫韦绶追问藏言行，编入《图经》。太守李渤请旌表，至长庆元年（821）谥大觉禅师云。"（第323页）

② 长庆：指的是唐末五代长庆慧棱禅师（854~932）。据《宋高僧传》卷十三："释慧棱，杭州海盐人也，俗姓孙氏。初诞缠紫色胎衣，为童龀日，俊朗抗节，于吴苑通玄寺登戒。已闻南方有禅学，遂游闽岭，谒雪峰，提耳指订，顿明本性。乃述偈云：'昔时漫向途中学，今日看来火里冰。'如是亲依，不下峰顶，计三十许载。冥循定业，谨摄矜庄。泉州刺史王延彬召棱住招庆院，禅子委输，唯虔后至。及于长乐府，居长庆二十余年，出世不减一千五百众。棱性地慈忍，不妄许人。能反三隅，方加印可。以长兴三年壬辰五月十七日长往，春秋七十九，僧腊六十。闽国王氏私谥之大师，号超觉。塔葬皆出官供。判官林文盛为碑纪德云。"（第309~310页。）

却将去问西堂和尚云:'有问有答,宾主历然,无问无答时如何?'堂云:'怕烂却那。'古人太煞慈悲,有时孤峰顶上垂手,有时荒草里横身。他道怕烂却那,奇特不妨亲切。这僧却更去问长庆,庆云:'相逢尽道休官去,林下何曾见一人?'这僧分明去问,是有问有答了,更说什么如何若何?惹得长庆恁么道,又且得不辜负他来问处。雪窦拈云:'何不与本分草料?'也是骑贼马赶贼。"

第十一则　钦山竖拳

举钦山①一日上堂，竖起拳头又开云："开即为掌，五指参差。"打入葛藤窝窟去也。复握拳云："如今为拳，必无高下，也是灵龟曳尾。还有商量也无？合取狗口。"一僧出众，竖起拳头，弄泥团汉②，有甚么限？山云："你只是个无开合汉。"也好与三十棒。雪窦拈云："雪窦即不然。"也随后打入葛藤去也。乃竖拳云："握则为拳，有高有下。"捩转鼻孔。复开云："开则成掌，无党无偏。争知转却了也。且道放开为人好，把定为人好？总不好。开也造车，握也合辙。已在鬼窟里作活计了也。若谓闭门造车，出门合辙，也是阇黎见解。我也知你鬼窟里作活计。打云：'自领出也。'"

师云："看他古人如此老婆心切，千方百计，举扬显示个一段大事，令人易见。中间也有用作示众，用作借事明物，也有悟去者。雪窦因风吹火，用力不多，乃竖起拳头云：'握则为拳，有高有下。'复开云：'开则成掌，无党无偏。且道放开为人好，

---

① 钦山：指的是唐代钦山文邃禅师，他是洞山良价的法嗣，据《景德传灯录》卷十七："澧州钦山文邃禅师，福州人也。少依杭州大慈山寰中禅师受业，时岩头、雪峰在众，睹师吐论，知是法器，相率游方。二士缘契德山各承印记。师虽屡激扬，而终然凝滞……师后于洞山言下发解，乃为洞山之嗣。年二十七，止于钦山。"（《大正藏》第51册，第340页上。）

② 弄泥团汉：禅宗用语。嘲讽某些愚昧无知、一窍不通的禅者。

把定为人好？开也造车，握也合辙。若谓闭门造车，出门合辙，我也知你向鬼窟里作活计。'古人为此事如是故，故如此，且道是如何？古人同条生则是一，为什么却如此不同？诸人无事试翻覆参详，看是什么道理？若是个汉，一觑便知。其或拟议，便隔千山万水，了没交涉也。"

第十二则　睦州茆广

举僧问睦州①："高揖释迦，不拜弥勒时如何？"有恁么茆广汉②。州云："昨日有人问，赶出院了也。"已是第二头。僧云："和尚怕某甲不实。"怕死禅和如麻如粟。州云："拄杖不在，茆广柄聊与三十。"拳头也得，便打。雪窦拈云："睦州只有受璧之心，且无割城之意。"旁观者哂。

---

① 睦州：指唐代睦州陈尊宿，为黄檗希运的法嗣。《释氏稽古略》卷三："睦州陈尊宿，名道明，江南陈氏之后也。幼出家本州开元寺，持戒精严，学通三藏。游方契旨于黄檗，延充首座。众请住观音院，常有百余众。经数十载，诸方归慕，咸以尊宿称。后归开元房居，织蒲鞋以养母，故有'陈蒲鞋'号……至是乾符四年（877）召门人曰：'此处缘息，吾当逝矣。'乃跏趺而逝。郡人以香薪焚之，舍利如雨。收灵骨，塑像于寺，寿九十八，腊七十六。"（《大正藏》第 49 册，第 843 页上。）
② 茆广汉：同"茅广汉"。在《墨庄漫录》卷二"苏子瞻戏顾子敦"条中记有："顾临子敦为翰苑，每言赵广汉尹京有治声，使我为之不难，当出其上。子瞻戏曰：'君作尹，须改姓。'顾曰：'何姓？'曰：'姓茅，唤作茅广汉。'"（第 67 页。）赵广汉是汉代名臣，曾任长安京兆尹。因其曾打击豪族，加强地方管理而闻名一时。《通志》卷一百一记其对地方的治理："京兆政清，吏民称之不容口，长老传以为，自汉兴治京兆者莫能及。"（《文渊阁四库全书》本。）此处苏子瞻实际是讽刺顾子敦不经思索就鲁莽的拿自己与汉代名臣相比。在一些禅宗语录中，也用"茅广汉"形容尚未开悟又不自量力的禅僧。如虚堂智愚禅师在叙述其参学经历时说："后在金山，邂逅运庵先师，招过曾下，得与入室。只是不得下语，才开口便道：'尔且款款地，不要茅广。'"（《虚堂和尚语录》卷四，《大正藏》第 47 册，第 1014 页上。）《嘉泰普灯录》卷二十"镇江府焦山或庵师体禅师"："丹丘黄岩人，族罗氏。年十五去家，师妙智院守威，弱冠为沙弥。登具后，会踽庵成禅师。抵其院，与语，挽归典客。去游浙右，此庵开法真如，归参礼。一日，经行殿庑，闻庵怒叱知事，所疑顿豁。翌日入室，庵指曰：'是子今日茅广矣！'"（《卍新纂续藏经》第 79 册，第 411 页下。）此处实际是反用"茅广"喻师体禅师开悟。

师云:"且道这僧过在甚么处?岂不见石头问让和尚:'不求诸圣,不重己灵时如何?'让云:'子问太高生,何不向下问将来?'头云:'宁可永劫沉轮,不求诸圣解脱。'又①僧问洞山②:'文殊、普贤来参时如何?'山云:'趁向水牯牛里队去。'僧云:'和尚入地狱如箭射。'山云:'全赖子力。'这僧不是寻常底禅和,却云:'怕某甲不实。'是则是,直饶浪击千寻,争奈龙王不顾。睦州道:'拄杖不在,苕帚柄聊与三十。'且道是压良为贱,莫是倚势欺人?切忌错会好,削去是非得失,情解计较,令净裸裸、赤洒洒,自然正见现前,得大自在。古人道:'合恁么时,早是错了也。'雪窦傍相一拶甚好,拈即许你拈,会即不许你会。何故?'睦州只有受璧之心,且无割城之意。'往往真个道'睦州只有受璧之心',正落在雪窦绻缋窠窟里。战国时,秦强赵弱,而赵有连城之璧。秦王闻之,许以十五城易之。赵乃遣蔺相如送璧至秦,秦王但受其璧,竟无割城之意,相如乃以计夺还于赵也。诸人且道什么处是睦州只有受璧之心处?且甚处是无割城之意处也?须各人着些精彩始得。"

---

① 又:此处《卍新纂续藏经》本与《频伽藏》本皆为"乂",但据文意似为"又"的讹字,故改之。
② 洞山:此处指筠州洞山悟本禅师,又名洞山良价,唐代僧人。《宋高僧传》卷一二《唐洪洲洞山良价传》:"释良价,俗姓俞氏,会稽诸暨人也。少孺从师于五泄山寺。年至二十一,方往嵩山具戒焉。登即游方。见南泉禅师,深领玄契。续造云岩,疑滞顿寝。大中末,于斯丰山大行禅法。后盛化豫章高安洞山,今筠州也。价以咸通十年己丑三月朔旦,命剃发披衣,令鸣钟,奄然而往……至八日浴讫,端坐而绝,春秋六十三,法腊四十二。敕谥禅师曰悟本,塔号慧觉矣。"(第313~314页。)

第十三则　枣树汉国

举枣树①问僧："近离甚处？"常程。僧云："汉国。"也是。树云："汉国天子还重佛法也无？"头角生也。僧云："苦哉！赖值问着某甲，触着便作屎臭气。问着别人则祸生。似则似，只恐龙头蛇尾。"树云："作什么？"也要问过。僧云："人尚不见有，何佛法可重？"已是祸门。树云："阇黎受戒来多少时？"可惜许，拖泥带水。僧云："二十夏。"忘前失后。树云："大好，不见有人。"便打。郎当葛藤愁杀人。雪窦拈云："这僧棒即吃，要且去不再来。旁不甘。枣树令虽行，争奈无风起浪。便打云：'也有风浪，洪波浩渺，白浪滔天。'"

枣树和尚，五代时，在湖南界上。刘王名俨，居广南，僭为汉国，这僧从彼中来。古人出一丛林，入一保社②，全以此事为念，不似今人，只管打哄过日。遇人问着，殊不辨端倪，面赫赤

---

① 枣树：指的是枣树第二世禅师，只知他是黄龙诲机禅师的法嗣，文献中也只记载了枣树和尚与人问答的禅语，对其生平没有记录。诲机是唐末禅僧："黄龙山诲机禅师，清河张氏子。初参岩头（全豁）……后到玄泉（山彦）……唐天祐中，游化至此山。节帅施俸建宇，奏赐紫衣师号，大张法席。"（《补续高僧传》卷六、《卍新纂续藏经》第 77 册，第 405 页上。）诲机的法嗣几乎都无详细的生平记载，而他的弟子中最有名的非吕洞宾莫属，诲机就是"吕洞宾飞剑斩黄龙"故事中的黄龙禅师。
② 保社：旧时乡村的一种民间组织，因依保而立，故称。刘克庄《贺新郎·癸亥九日》词："留得香山病居士，却入渔翁保社。怅谁伴、先生情话。"元好问《刘光甫内卿新居》诗："父老渐来同保社，儿童久已爱文章。"

地，无言可对，盖谓无蕴藉底工夫也。宗师家，见僧便问便勘，看他是个汉，别机宜，辨宾主，一问便知落处。这僧枣树见来，似有衲僧气息，便问："近离甚么处？"僧云："汉国。"树云："汉国天子还重佛法也无？"僧云："苦哉！赖值问着某甲，问着别人则祸生也。"枣树是作家宗师，也不忙，却道："作个甚么？"僧云："人尚不见，有何佛法可重？"这僧担一担禅来，枣树当时若便打，免见雪窦点检也好，老婆心切，却问："阇黎受戒来多少时？"这憒憃汉却云："二十夏。"枣树云："大好，不见有人。"捉他空处便打。是则是，犯手伤锋了也。云门勘僧，极是手亲眼辨，一日问僧："你是甚处人？"僧云："新罗人。"门云："你将什么过海？"僧云："草贼大败。"门云："你为什么在我手里？"僧云："恰是。"门云："一任踔跳。"又北禅①问僧："近离什处？"僧云："资福。"北禅云："福将何资？"僧云："两重公案。"禅云："为什么在我手里？"僧云："一任和尚收取。"禅便休去。看他古人句中辨别，临时折倒，始为勘僧。只如枣树问僧："近离甚处？"僧云："汉国。"树云："汉国天子还重佛法也无？"僧云："苦哉！赖值问着某甲，若问着别人即祸生也。"树云："作什么？"僧云："人尚不见，有何佛法可重？"树云："阇黎受戒来多少时？"僧云："二十夏。"树云："大好，不见有人。"便打。所以雪窦拈云："这僧棒虽吃了，要且去不再来。"虽然打了，这僧却不瞥地。当时莫伤锋犯手，他若省去，无你撼

---

① 北禅：蕲州北禅悟通禅师。据《景德传灯录》卷二十三："蕲州北禅寂和尚悟通大师，师问僧：'什么处来？'曰：'黄州来。'师曰：'在什么院？'曰：'资福。'师曰：'福将何资？'曰：'两重公案。'师曰：'争奈在北禅手里何？'曰：'在手里即收取。'师便打。"（《大正藏》第51册，第390页中。）

动处。古人有三度吃六十棒者,且道他意作么生?雪窦云:"这僧恁么唤,也唤不回头来。"且道他意作么生?枣树令虽行,且道作么生是无风起浪处?具眼衲僧,试去辩别看。

第十四则 赵州偷笋

举赵州问婆子："什么处去？"擅着髑头汉。婆云："偷赵州笋去。"据虎头也不为分外，又云："也是本分持虎须。"州云："忽遇赵州又作么生？"险！婆便掌，好打。州便休。莫道赵州休去，也有陷虎之机。雪窦拈云："好掌！更与两掌也无勘处。"扶强不扶弱，党理不党亲。

师云："这婆子本为尼，因会昌沙汰，更不复作尼，只是参得好。这个公案诸人无事也好着眼参详看，而今众中有一般禅和家，须待长老入室①小参，方可做些子工夫。不然终日业识茫茫，游州猎县，趁温暖处去却，也趁口快说禅。殊不知，当面蹉过多少好事了也。不见岩头示众道：'若是得底人，只守闲闲地，如水上按葫芦相似，触着便转，按着便动。'赵州古佛便是恁么人。这老汉幸自无事，却为他时时有生机处，便要垂手问这婆子。婆子既知是赵州，且道觌面为什么却道偷赵州笋去？州云：'忽遇赵州时如何？'婆子便掌。也是这老汉，惹得婆子与他手脚，他

---

① 入室：无著道忠释为："入室者，师家勘验罢参的学者见解深浅，教其无底滞矣。"（《禅林象器笺》卷十一：《佛光大藏经·禅藏·禅林象器笺二》，第831页。）据《嘉泰普灯录》卷二十五："夫小参者，谓之家教。何谓家教？譬如人家有三个五个儿子，大底今日干甚事，小底今日干甚事，是与不是，晚间归来，父母一一处断。丛林中亦复如是，院门今日干甚事，是与不是，住持人当一一处断。"（《卍新纂续藏经》第79册，第443页上。）

便休去。且道赵州是个什么道理？五祖先师拈云："赵州休去，不知众中作么生商量。老僧也要露个消息，贵要众人共知。婆子虽行正令，一生不了；赵州被打两掌，咬断牙关。可谓婆子去国一身轻似叶，赵州高名千古重如山。"但凡拈古，须似这般手段，见透古人意，方可拈掇他。若不如此，便泥里洗土块。雪窦为他作得这般工夫，见得透前后，便云："好掌！更与两掌也无勘处。"且道雪窦意在什么处？当时作得个甚么道理？勘得这婆子去，诸人照顾，切忌着掌。"

第十五则　保寿开堂

　　举保寿①开堂，三圣②推出一僧，万人众前，不得不恁么。寿便打。据令而行。圣云："恁么为人？非但瞎却这僧眼，亦瞎却镇州一城人眼去在。"临济犹在。寿便归方丈。两个弄泥团汉。雪窦拈云："保寿、三圣，虽发明临济正法眼藏，那里得这个消息来？要且只解无佛处称尊。讨什么碗。当时这僧若是个汉，才被推出，便与掀倒禅床。便打。直饶保寿全大机用，也较三千里。你已在万里崖州。"

　　第二代保寿参前保寿，令参"父母未生已前，如何是你本来面目"？如此数年，不能省悟。一日别保寿行脚去，寿云："汝且

---

① 保寿：指的是镇州保寿院。据《传法正宗记》卷七："大鉴之七世，曰镇州宝寿沼禅师。其所出法嗣二人：一曰汝州西院思明者，一曰西院第二世宝寿和尚者。"（《大正藏》第51册，第755页上中。）而公案中的保寿禅师，指的就是"第二世宝寿和尚"，也即是宝寿沼禅师的继任者。对这两位禅师，文献中未记载他们的生平。《五灯会元》等禅宗语录只简单记载了第二世宝寿和尚的一点事迹："在先宝寿为供养主，寿问：'父母未生前，还我本来面目来！'师立至夜深，下语不契。翌日辞去。寿曰：'汝何往？'师曰：'昨日蒙和尚问，某甲不契，往南方参知识去。'寿曰：'南方禁夏不禁冬，我此间禁冬不禁夏。汝且作街坊过夏。若是佛法，阛阓之中，浩浩红尘，常说正法。'师不敢违。一日，街头见两人交争，挥一拳曰：'你得恁么无面目？'师当下大悟。"（《五灯会元》卷十一，第667页。）

② 三圣：指的是唐代三圣慧然禅师，因其住镇州三圣院而得名，是临济义玄的法嗣。他与保寿沼禅师是同门，而第二世保寿禅师就相当于他的"法侄"。

住,当有证入。"令作街坊①。忽于闹市中见二人相争,一人劝云:"你辈得如此无面目!"寿于言下大悟。后前保寿迁化,祝三圣云:"且令作山主,住十年始得开堂。"后三圣作请主,令开堂。开堂日,三圣推出一僧,保寿便打,且道他古人意在什么处?三圣云:"恁么为人,瞎却镇州一城人眼去。"在此处又作么生?禅和家,也须仔细试去体究看。莫是保寿不会便归方丈么?是何道理?看他悟底人,爪牙迥自不同。后来僧问:"万里无片云时如何?"寿云:"青天也须吃棒。"临济迁化,三圣作院主②。济云:"吾灭后,不得灭却吾正法眼藏。"圣云:"谁敢灭却和尚正法藏眼?"济云:"忽有人问汝,作么生只对?"三圣便喝。济云:"谁知我正法眼藏,到这瞎驴边灭却。"后僧举此语请益风穴③,穴云:"密付将终,全主即灭。"复云:"只如三圣一喝又作么生?"穴云:"可谓入室之真子,不同门外之游人。"临济一宗,风穴亲承,不同小小。后来南禅师④道:"百丈耳聋犹自可,三圣瞎驴愁杀人。"看他从上宗风,岂是规模闻听得来?须是桶底子

---

① 街坊:此处指的是街坊化主,或单称街坊、化主。禅林中,劝化于市井街坊,以募施物作为大众之供养,或补寺内财物不足之职称。
② 院主:《卍新纂续藏经》本作"院生",驹本作"院主",据驹本改。
③ 风穴:指风穴延沼禅师。据《补续高僧传》卷六:"风穴延沼禅师,余杭刘氏子。少魁磊有英气,于书无所不窥,然无经世意。初祝发,业教义,久乃归禅,发迹于镜清怠公。针芥不投,乃北游湘沔,遇守廓上座,南院(慧颙)侍者也。乃密探南院宗旨,忻然赴之……依止六年,辞去至汝水,住风穴废寺。日乞村落,夜燃松脂,单丁者七年,而后学徒麇至……以宋开宝六年(973)癸酉八月旦日,登座说偈。至十五日,加趺而化。阅世七十有八,坐五十九夏。"(《卍新纂续藏经》第77册,第408页中下。)
④ 南禅师:指的是宋代黄龙慧南禅师(1002~1069)。他俗姓章,信州玉山人。慧南十一岁出家,十九岁受具足戒,于熙宁二年坐化(1069),俗寿六十八,僧腊五十,大观四年(1110)春敕谥普觉。慧南是宋代临济宗黄龙派的鼻祖,其弟子中著名的有晦堂祖心、宝峰克文、泐潭洪英等。

脱相似，大用现前，始有如此作略。雪窦自蜀出峡，先见北塔①，一住十年，已有深证。离北塔，到大龙②会中，作知客亦多时。大龙一日上堂，师出问："语者默者不是，非语非默更非。总是总不是拈却，大用现前，时人知有，未审大龙如何？"龙云："子有如是见解。"师云："这老汉瓦解冰消。"龙云："放你三十棒。"师礼拜归众。龙却唤："适来问话底僧。"师便出。龙云："老僧因什么瓦解冰消？"师云："转见败阙。"龙作色云："叵耐！叵耐！"师休去。雪窦后行脚到南岳，举似雅和尚③，雅云："大龙何不与本分草料？"师云："和尚更须行脚。"后大龙小师④

---

① 北塔：指的就是宋代智门光祚禅师。光祚是香林澄远的法嗣。《五灯会元》卷十五中称光祚曾"先住北塔"。（第976页）《禅林僧宝传》卷十一："（雪窦重显）北游至复州。北塔祚禅师者，香林远公嫡子，云门之孙也。祚、远皆蜀人，知见高，学者莫能觑其机。显俊迈，祚爱之，遂留止五年，尽得其道。"（《卍新纂续藏经》第79册，第515页上。）

② 大龙：据《祖庭事苑》卷四《雪窦拾遗·行脚》所记："师行脚时，问大龙和上：'语者默者不是，非语非默更非。总是总不是拈却，大用现前，时人知有，未审大龙如何？'龙云：'子有如是见解。'师云：'者老汉瓦解冰销。'龙云：'放你三十棒。'师礼拜归众。大龙却唤：'适来问话底僧。'师便出众。龙云：'老僧因甚么瓦解冰销？'师云：'转见败阙。'龙作色云："叵耐！叵耐！"（《卍新纂续藏经》第64册，第374页下。）有学者考证，雪窦是在离开智门光祚后，才行脚到大龙禅师处的（黄绎勋《雪窦重显禅师生平与雪窦七集之考辨》，见《台大佛学》第14期，2007年，第88页。）下文所记雪窦与大龙禅师弟子（所谓的"大龙小师"）的对话，与《五灯会元》卷八"大龙智洪禅师"的禅语几乎相同："问：'色身败坏，如何是坚固法身？'师曰：'山花开似锦，涧水湛如蓝。'"（第493页。）可以推测，雪窦所参的大龙禅师，可能就是大龙山智洪禅师。

③ 雅和尚：指的是南岳福严良雅禅师，嗣法洞山守初禅师。文献中只对其一些禅语有所记载，如《五灯会元》卷十五："（良雅）居洞山第一座，山参次，僧问曰：'如何是佛？'山答曰：'麻三斤。'参罢，山至寮谓师曰：'我今日答这僧话，得么？'曰：'恰值某净发。'山曰：'你元来作这去就。'拂袖便出。师曰：'这老汉将谓我明他这话头不得。'因作偈呈曰：'五彩画牛头，黄金为点额。春晴二月初，农人皆取则。寒食贺新正，铁钱三五百。'山见，深肯之。住福严日，僧问：'如何是和尚家风？'师曰：'入门便见。'"（第978页。）

④ 小师："《寄归传》云：铎曷攞，唐言小师（受戒十夏已前，西天皆称小师）。《毗奈耶》云：难陀比丘呼十七众比丘为小师（此盖轻呼之也），亦通沙门之谦称也。"（《释氏要览》卷一；《大正藏》第54册，第266页上。）可见，小师是指那些尚未得法或年纪较小的沙门。但禅宗中的小师往往指的是某禅师的直系弟子，也是寺中最亲近师父的人。

在浙中相见，谓曰："何不与先师烧香？"雪窦云："昔僧问先师：'色身败坏，如何是坚固法身？'先师云：'山花开似锦，涧水湛如蓝。'我诵此因缘，报他恩了也。"后到洞山聪①和尚处，又参大愚芝②，芝嗣汾阳昭③。云峰悦④承嗣芝。悦与雪窦游从最久，久参临济正法眼藏宗旨，雪窦最得芝和尚提诲，所以雪窦会临济宗风。云峰悦知雪窦不嗣芝，一日与游山，特去勘他。问云：

---

① 洞山聪：指的是宋代洞山晓聪禅师。据《补续高僧传》卷七："洞山晓聪禅师，韶州曲江人，生杜氏。见文殊应天真和尚，初游庐山，莫有知者。时云居法席最盛，师作灯头……次依洞山诠禅师，为首座。及诠迁，栖贤以师嘱檀那及其众，众从之，请于州，州从之。以大中祥符三年（1010），师出世洞山……师于山之东北，手植松可万。松凡植一株，坐诵《金刚经》一卷，自称'栽松比丘'，岭名金刚岭……师一日不安，上堂辞众。述透法身颂曰：'参禅学道莫茫茫，问透法身北斗藏。余今老倒尪羸甚，见人无力得商量。'复曰：'法席当令自宝住持。'言卒而化，阇维得舍利，塔于金刚岭。"（《卍新纂续藏经》第 77 册，第 417 页下~418 页上。)
② 大愚芝：指的是宋代大愚守芝禅师。据《补续高僧传》卷七："（大愚芝）禅师，名守芝，太原王氏子。少弃家，于潞州承天寺试《法华》，得度为大僧，讲《金刚》《般若》，名满三河。时汾阳禅望大振，窃疑之往究焉。同参者，慈明、琅玡等数人。服诚阳室，遂受印可。南游住高安……嘉祐初示寂，塔于西山。"（《卍新纂续藏经》第 77 册，第 413 页上中。)
③ 汾阳昭：指宋代汾阳善昭禅师。
④ 云峰悦：指的是宋代云峰文悦禅师，是大愚守芝的法嗣。据《禅林僧宝传》卷二十二："禅师生徐氏，名文悦，南昌人也。七岁剃发于龙兴寺，短小粹美，有识。年十九，杖策遍游江淮……斯时荆州金銮有善，筠州大愚有芝。悦默欲往造芝，或不契则诣荆州。至大愚，见屋老僧残，荒凉如传舍。芝自提笠，日走市井，暮归闭关高枕。悦无留意，欲装包发去。将发而雨，雨止而芝升座。曰：'大家相聚吃茎齑，若唤作一茎齑，入地狱如箭射。'下座，无他语。悦大骇，夜造丈室。芝曰：'来何所求？'曰：'求佛心法。'芝曰：'法轮未转，食轮先转，后生趁有色力，何不为众乞饭去？我忍饥不暇，暇为汝说法乎？'悦不敢违，即请行。及还自冯川，芝移住西山翠岩，悦又往从之，夜诣丈室。芝曰：'又欲求佛心法乎？汝不念乍住，屋壁疏漏，又寒雪。我日夜望汝来为众营炭。我忍寒不能，能为汝说法乎？'悦不敢违，入城营炭。还时，维那缺，悦夜造丈室，芝曰：'佛法不怕烂却，堂司一职，今以烦汝。'悦不得语而出。明日鸣揵椎坚请，悦有难色。拜起欲弃去，业已勤劳久，因中止，然恨芝不去心地，坐后架。架下束破桶盆，自架而堕。忽开悟，顿见芝从前用处。走搭伽梨，上寝堂。芝迎笑曰：'维那且喜大事之毕。'悦再拜下汗，不及吐一词而去。服勤八年而芝没。东游三吴，所至丛林改观。雪窦显禅师尤敬畏之，每集众茶，横设特榻，示礼异之。"（《卍新纂续藏经》第 79 册，第 535 页下~536 页上。)

"入荒田不拣,信手拈来草,触目未尝无,临机何不道?"雪窦拈起一茎禾示之,悦不肯,云:"梦也未梦见在。"雪窦云:"你不肯即休。"雪窦知临济下宗风,所以如此拈这因缘道①:"保寿、三圣,虽发明临济正法眼藏,要且只解无佛处称尊。当时这僧若是个汉,才被推出,便与推倒禅床,直饶保寿全机大用,也较三千里。"敢问诸人,只如保寿打这僧,是全机不是全机?只如雪窦道:"这僧当时若是个汉,才被推出,便与掀倒禅床。"当时若便掀倒禅床,被保寿劈脊便棒时又作么生?到这里须是顶门具眼,方可见得他。若未能如此,也须退步体究,看是个什么道理?

---

① 所以如此拈这因缘道:《卍新纂续藏经》本作"所以如此拈因这缘道",此处据驹本改。

第十六则　无业妄想

举僧问无业国师①："如何是佛。"可煞新鲜。国师云："莫妄想。"苍天！苍天！雪窦拈云："塞却鼻孔。"知他死来多少时也。僧又问："如何是佛？"第二重公案。国师云："即心是佛。"满口含霜。雪窦拈云："拄却舌头。"哑那。

无业国师，商州上洛人。母闻空中曰："寄居得否？"觉乃有娠，生而有光满室。出家后讲经律，并《涅槃》《般若》等论。及见马祖，祖器之，乃问："巍巍堂堂，其中无佛？"师于是问

---

① 无业国师：指的是唐代汾州开元寺无业禅师。据《宋高僧传》卷十一："释无业，姓杜氏，商州上洛人也……年至九岁，启白父母，依止本郡开元寺志本禅师，乃授与《金刚》《法华》《维摩》《思益》《华严》等经。五行俱下，一诵无遗。年十二，得从剃落……至年二十，受具足戒于襄州幽律师……后闻洪州大寂禅门之上首，特往瞻礼……业既传心印，寻诣曹溪礼祖塔，回游庐岳、天台及诸名山，遍寻圣迹。自洛抵雍，憩西明寺，僧众咸欲举请充两街大德，业默然叹曰：'亲近国王大臣，非予志也！'于是至上党，节度使相国李抱真与马燧累有战功……深重业名行，旦夕瞻礼，麾幢往来。常有倦色……复振锡南下，至于西河，初止众香佛刹，州牧董叔缠请住开元精舍。业谓弟子曰：'吾自至此，不复有游方之意，岂吾缘在此邪？'于是撞钟告众，作师子吼，雨大法雨，垂二十年。并汾之人悉皆向化。宪宗皇帝御宇十有四年，素向德音，乃下诏请入内，辞疾不行。明年再降纶旨，称疾如故。穆宗皇帝即位之年，圣情虔虔，思一瞻礼，乃命两街僧录灵准公远赍敕旨迎请……业笑曰：'贫道何德，累烦圣主？行即行矣，道途有殊。'于是剃发澡浴，至中夜，告弟子慧愔等曰……言讫，加趺而坐，奄然归寂。呜呼，可谓于生死得自在也！俗龄六十二，僧腊四十二……以长庆三年十二月二十一日安葬于练若之庭。业迁化之岁，州牧杨潜得僧录准公具述其事，遂为碑颂。敕谥大达国师，塔号澄源焉。"（第247~248页）。

曰："三乘等学，某粗知其旨，常闻禅门即心是佛，实未能晓。"祖云："即今未晓底心即是佛，更无别佛。"又问："如何是祖师密传底心印？"祖云："大德正闹在，且去，别时来。"师才出，祖召："大德！"师回首，祖云："是什么？"师便顿悟，乃礼拜，祖云："跶跟阿师，礼拜作什么？"云居锡①云："什么处是汾州正闹处？后来答话，只云'莫妄想'，如此者二十年。一日院主云：'和尚休得也未？'他即云：'院主。'主应之，他云：'这回休得也未。'直至死，亦只云休得也未。"若道禅真个有一句教人端的参，如问佛问祖只一般答，何故一百个答做一百般？只这无业老汉，也大漏逗。雪窦下一句语，极有作略。"如何是佛？"他云："莫妄想。"雪窦云："塞却鼻孔。""如何是佛？"云："即心是佛。"雪窦云："拄却舌头。"正当恁么时舌头又拄却，鼻孔又塞却，还有转身吐气处也无？便打。

---

① 云居锡：指的是宋代云居清锡禅师，是清凉文益的法嗣。生平不详。据《景德传灯录》卷二十五："洪州云居山清锡禅师，泉州人也。初住龙须山广平院，有僧问：'如何是广平境？'师曰：'识取广平。'曰：'如何是境中人？'师曰：'验取。'次住云居山，僧问：'如何是云居境？'师曰：'汝唤什么作境？'曰：'如何是境中人？'师曰：'适来向汝道什么？'师后住泉州西明院。"（《大正藏》第51册，第416页中。）

第十七则　德山作么

举僧问德山："从上诸圣向什么处去？"何不与本分草料。山云："作么？作么？"赚杀一船人。僧云："敕点飞龙马，跛鳖出头来。"已是落他缠缚了也。山便休去。此机最毒。至来日，山出浴，其僧过茶与山，山抚僧背一下。且道他意作么生？僧云："这老汉方始瞥地。"前箭犹轻后箭深。雪窦拈云："然精金百炼，须要本分钳锤。错下名言。德山既以己方人，这僧还同受屈。"一状领过。以拄杖一画云："适来公案且置，看雪窦有什么伎俩。从上诸圣向什么处去？"或有个掀倒禅床又作么生？大众拟议，雪窦一时打趁。打云："你替大众吃。"

师云："德山寻常打风打雨，为什却不打这僧？且道这僧如何，可谓'三级浪高鱼化龙，痴人犹戽夜塘水。'你道这老汉肯做这般去就么？这僧却道：'敕点飞龙马，跛鳖出头来。'这里合打，且道为什么德山不打便休去？是以杀人不用刀，这个全无伤锋犯手处。若是活汉方可见得，若不是顶门具眼底，直下卒难摸索。至来日，山出浴，其僧过茶与山，山抚僧背一下。这僧孟八郎①，却道：'这老汉方始瞥地。'直饶浪击千寻，争奈龙王不顾。雪窦是作家钳锤，大凡拈古，须平将秤称斗量了，然后批判。他虽恁么拈，不许人恁么会。雪窦拈道：'精金百炼，须要本分钳锤。'只如德山前头也休去，后头也休去，未审作么生是精金百炼？德山真是恶手脚，见这僧不是受钳锤底人，所以休去。雪窦云：'德山既以己方人，这僧还同受屈。'德山如戴角大虫，何故却以己方人？且道此意作么生？若是具眼者，必不可言句上走。雪窦以挂杖一画云：'适来公案且置。'他为什么却拈放一边？却道：'从上诸圣向什么处去也？'大众拟议，一时打趁。到这里合作么生商量？看诸人皮下还有血么？"

---

① 孟八郎：禅林用语，指不依道理行事者。孟，孟浪。八郎，乃排行之次序。禅林中，常以孟八郎形容强横暴戾之粗汉。清乾隆皇帝在《观钱谦益初学集因题句》一诗中有"末路逃禅去，原为孟八郎"的句子，还专门注"孟八郎"为："禅宗以不解真空妙有者为孟八郎。"（《御制诗集》三集，卷八十七，《文渊阁四库全书》本。）

第十八则　保福签瓜

举保福①签瓜②次，幸自无事。太原孚上座③到来，筑着磕着。福云："道得与你瓜吃。"无风起浪作什么？孚云："把将来。"平地上陷人。福度一片瓜与孚，岂是好心？孚接得便去。递相钝滞。雪窦拈云："虽是死蛇，解弄也活。瞥尔承当，已没交涉。谁是好手，试请辨看。打云：'你辨不出，还我瓜来。'"

太原孚上座，本是讲经僧，后因一禅客激之，遂悟心要。便云："我从今已去，更不将父母所生鼻头扭捏也。"因游径山，佛殿前立，僧问："曾游五台么？"孚云："曾游。"僧云："还见文

---

① 保福：指的是唐末五代保福从展禅师，是雪峰义存的法嗣。据《补续高僧传》卷六："保福禅师从展，福州人也，生陈氏。年十五，礼雪峰为受业师。十八，本州大中寺具戒，游吴楚间，后归执侍雪峰……梁贞明四年（918）丁丑，漳州刺史王公，钦承道风，创保福院，迎请居之……师住保福仅一纪，学众不下七百，其接机利物，不可备录。"（《卍新纂续藏经》第77册，第404页下。）
② 签瓜：切瓜、分瓜。据《祖庭事苑》卷二："签瓜，签当作签，七廉切，割也。"（《卍新纂续藏经》第64册，第332页上。）
③ 太原孚上座：据《山西通志》卷一百六十："太原孚上座，蜀人，久住台山，后游浙闽，复回台山，不出者二十余年，诸方胥目为太原孚上座。"（《文渊阁四库全书》本）据禅宗文献，太原孚上座初在扬州光孝寺讲《涅槃经》，后受到听经者的启发而游方参学，终在雪峰义存处得法。据《联灯会要》卷二十四："师在雪峰有大声誉，后归杨州。陈尚书留在宅供养，一日谓尚书云：'来日讲一遍《大涅槃经》，报答尚书。'书次日致斋，煎茶毕，师遂升座。良久，挥尺一下云：'如是我闻。'乃召尚书，书应诺。师云：'一时佛在。'乃脱去。"（《卍新纂续藏经》第79册，第216页上。）

殊么?"孚云:"见。"僧云:"向什么处见?"孚云:"向径山佛殿前见。"雪峰闻此语喜云:"作家禅客,怎生得入岭来?"后到雪峰,峰领众接至上堂。孚一觑,雪峰便下座,孚参堂去。后老宿拈云:"大小雪峰,被孚上座一觑,直得高竖降旗。"后来在雪峰会中作知客,与玄沙辈箭锋相拄,如大虫插翅相似。只如他一觑,雪峰自有个道理。这签瓜话,只是无缝罅,只是疑人。保福云:"道得与你瓜吃。"孚云:"把将来。"若是识端倪底人,见他一似两阵相交,彼此互相好手,各无伤损。不见底人,未免胡乱指注,唤作"禅道",不然唤作"无事"。一时去念言念语,生情解转打不着,离却此令又作么生?古人道:"透关一句,直下孤危。"只露目前些子,教你见得便识将去,不识辄莫疑着,这个是向上人行履,所以道"同道者方知"。此公案雪窦拈得天然好,"虽是死蛇,解弄也活"。如今还有弄得活底么?若构得了,便许独步寰中,七穿八穴,若也未会,一任把定死蛇头。

第十九则　南泉示众

举南泉①示众云："道非物外，物外非道。"刺孔笼里出头来。赵州②出问："如何是物外道？"将谓胡须赤，更有赤须胡。泉便打。不放过也是本分。州云："和尚莫打某甲，向后错打人去在。"今日打着一个。泉云："龙蛇易辨，衲子难谩。"杀人不用刀。雪窦拈云："赵州如龙无角，似蛇有足。也须恁么始得。当时不管尽法无民，直须吃棒了趁出。未免令行一半，若要尽令而行，诸公一时吃棒始得。"

南泉、赵州，一出一入，互相唱和。缁素则有得失，着着无

---

① 南泉：指的是唐代南泉普愿禅师。据《宋高僧传》卷十一："释普愿，俗姓王，郑州新郑人也。其宗嗣于江西大寂……至德二年，跪请于父母乞出家，脱然有去羁鞅之色。乃投密县大隈山大慧禅师受业……大历十二年，愿春秋三十矣，诣嵩山会善寺暠律师受具……大寂门下八百余人，每参听之后，寻绎师说，是非纷错。愿或自默而语……贞元十一年，拄锡池阳南泉山，埋谷刊木，以构禅宇，蓑笠饭牛，溷于牧童。斫山畲田，种食以饶。足不下南泉三十年矣。……太和年初，宣使陆公亘、前池阳太守皆知其抗迹尘外，为方法眼，与护军彭城刘公同迎请下山，北面申礼。不经再岁，毳衣之子奔走道途，不下数百人。太和甲寅岁十月二十一日示疾……二十五日东方明，告门人曰：'星翳灯幻亦久矣，勿谓吾有去来也。'言讫而谢，春秋八十七，僧腊五十八。"（第255~256页）
② 赵州：指唐代赵州从谂禅师，是普愿禅师的法嗣。据《宋高僧传》卷十一："释从谂，青州临淄人也。童稚之岁，孤介弗群，越二亲之羁绊，超然离俗。乃投本州龙兴伽蓝，从师剪落。寻往嵩山琉璃坛纳戒，师勉之听习，于经律但染指而已。闻池阳愿禅师道化翕如，谂执心定志，钻仰忘疲。南泉密付授之，灭迹匿端，坦然安乐。后于赵郡开物化迷，大行禅道。以真定帅王氏阻兵，封疆多梗，朝廷患之。王氏抗拒过制，而偏归心于谂。谂尝寄尘拂上王氏曰：'王若问何处得此拂子？答道老僧平生用不尽者物。'凡所举扬，天下传之，号赵州去道。《语录》大行，为世所贵也。"（第257~258页）

出身处。但去意不到处，正好急着眼看，是什么道理？南泉示众云："道非物外，物外非道。"赵州这老汉有拨转路头处，更具通方底眼，便出众问："如何是物外道？"惹得这老汉僧打，却云："莫打某甲，已后错打人去在。"南泉把不定，随后却向伊道："龙蛇易辨，衲子难谩。"且道他意作么生？须是通方衲子，方可见得二老汉落处。南泉一日上堂，赵州便问："明头合，暗头合？"泉便归方丈，赵州便下堂。州云："这老汉被我一问，直得无言可对。"堂中首座云："莫道和尚无语，只是上座不会。"州便打首座云："这棒合是堂头和尚吃。"看他父子一机一境，如两镜相照相似，而今人将妄想意识去测度，争得知他落处。如雪窦拈道："赵州如龙无角，似蛇有足。当时不管尽法无民，直须吃棒了趁出。"当时即且置，只如今作么生？良久云："放过一着。"

第二十则　马祖图相

举僧来参马大师①，师画一圆相云："入也打，不入也打。"从上爪牙。僧便入。却是个灵利衲子。师便打。也不得放过。僧云："和尚打某甲不得。"逆水之波经几回。师靠却拄杖休去。如击石火，似闪电光。可惜许，有头无尾。雪窦拈云："二俱不了。许他雪窦具眼。'和尚打某甲不得'，靠却拄杖，拟议不来，劈脊便打。打云：'只为靠却拄杖休去，惹得雪窦许多葛藤。'"

马祖大师见僧来参，便画一圆相云："入也打，不入也打。"且道此意如何？这僧却是个作家，便入，祖便打。他却难容，便道："和尚打某甲不得。"这老汉知他是本色衲僧，便恁么休去。招得雪窦点检道："二俱不了。"只如此便下座，却较些子。末后更道："拟议不来，劈脊便棒。"只如雪窦怎么道，已是灵龟曳尾。

---

① 马大师：指唐代马祖道一禅师。

第二十一则　兴化罚钱

举兴化①问克宾②维那祸事：「你不久为唱道之师。」莫教坏人家男女。宾云：「不入这保社。」好彩，这汉皮下有血。化云：「会来不入，不会不入？」不免惹绊。宾云：「没交涉。」以剑便挥。化便打云："克宾维那，法战不胜，罚钱五贯，充设䬸饭③。"据令而行，不为分外。至来日斋时，兴化自白椎云："克宾维那，法战不胜，不得吃饭，即便赶出院。"也不为分外。雪窦拈云："克宾要承嗣兴化，罚钱出院且置，旁观者不肯。却须索取这一顿棒始得。打云：'棒既吃了，作么生索？'且问诸人，棒既吃了，作么生索？雪窦要断不平之事，

---

① 兴化：指唐代兴化存奖禅师，是临济义玄的法嗣。据《宗统编年》卷十六："(存奖)姓孔氏，邹鲁阙里之裔孙也，于蓟三河县盘山甘泉院出家。大中五年(851)圆具，九年弃讲参临济，嗣法住魏州兴化。"(《卍新纂续藏经》第86册，第179页下。)
② 克宾：文献中对克宾的记载，目前只有其与存奖的这段公案，另还知他日后出世，驻锡大行山禅房，嗣法兴化存奖。
③ 䬸饭：以羹浇饭。宋陆游《冬夜与溥庵主说川食戏作》诗："未论索饼与䬸饭，最爱红糟并㶽粥。"无著道忠释为："一山和尚曰：'䬸饭，古多用之，川僧最好造之，乃五味饭也。'或曰：'日本所谓芳饭是也。'"(《禅林象器笺》卷十六，《佛光大藏经·禅藏·禅林象器笺三》，第1267页。)

今夜与克宾维那雪屈，以拄杖一时打散。刺孔笼里相扑①。"

　　大凡临济下儿孙，须明此一段大事始得。这公案须是透得净尽方见，才若拟议，碍塞杀人。只如兴化问克宾维那道："你不久为唱道之师。"宾云："不入这保社。"化云："会来不入，不会不入？"宾云："没交涉。"化便打云："克宾维那，法战不胜，罚钱五贯设馓饭。"这汉讶郎当地，也与他出钱。来日斋时，兴化自白椎云："克宾维那，法战不胜，不得吃饭，即便赶出。"这汉讶郎当地，也与他出院。若要扶竖临济正法眼藏，也须是明取这一则公案，始较些子，人多下喝下拍，生情解，我恁么说话，也是漏泄天机了也。到这里作么生会？也须是他父子相投，言气符合，方始见得他克宾维那，为他不与常人一般。才作情解，便落在世谛流布，只为透不得，堕在尘缘中，不识向上人行履处。要须是蹈着向上关捩子，自然到他古人自在安乐处，所以道："你若行时我便坐，你若坐时我便行。你若作宾，我须作主；你若作主，我须作宾。"所以互相建立，若作情解，卒摸索不着。亦似临济迁化谓三圣道："吾去后不得灭吾正法眼藏。"圣云："谁敢灭却和尚正法眼藏。"济云："或有人问你，作么生举？"圣便喝。济云："谁知吾正法眼藏，向这瞎驴边灭却。"看他如此，那里有情解得失来？只如兴化向克宾维那道："你是会来不入，不会不

---

① 刺孔笼里相扑：可能喻指在带刺的孔洞里相扑，不仅腾挪不开，而且非常危险。宋代云门匡真禅师曾在上堂时说："北郁丹越人见汝般柴不易，在中庭里相扑供养尔。"（《云门匡真禅师广录》卷一，《大正藏》第 47 册，第 549 页下～550 页上。）此后有禅师便使用此话头教化学人。孔笼，指洞穴、窟窿。《石溪心月禅师语录》卷上："腊八上堂：金轮殿上，舍重从轻正觉山前，弄真象假。将无边虚空剜一孔笼，于一孔笼显示无边虚空。"《卍新纂续藏》第 71 册，第 31 页上。"

入?"克宾道:"没交涉。"且道他意作么生?后人情解道:"当初但下一喝。"或云:"以坐具便撼,自然不着出院。"只管议论将去,有什么交涉?后来住院开堂,承嗣兴化,盖谓他踏着向上关捩子。所谓见与师齐,减师半德,见过于师,方堪传受。那里似如今人,在情想中分得分失来。不见兴化一日有同参来,才相见,化便喝,僧亦喝,化又喝,僧又喝。化拈拄杖,僧又喝,化便打云:"看这汉犹强作主宰在。"直打出法堂。侍者至晚却问:"适来这僧有甚言句触忤和尚?"化云:"他有权有实,有照有用。我将手去他面前探两匝,他却不知。似这般汉不打,更待何时?"兴化一日示众云:"若是作家战将,便请单刀直入,更莫如何若何。"时有旻德长老,出众礼拜,起便喝,化亦喝,德又喝,化又喝,德便礼拜归众。兴化云:"旻德今夜却较兴化二十棒。"何故?为他旻德会这一喝,且不是喝。到这里,看他宗风作略手段,须是他屋里人,方可会得。会得了也,只易得他药头,空些子透见。雪窦道:"克宾维那要承嗣兴化。"只这一句,便见得雪窦会得忒好。若不彻骨彻髓,深入虏庭,焉能知得这些子难处?雪窦拈得情也尽,见也除。雪窦但知只拈话便了,克宾知他得几年?为什么雪窦却道"今夜与克宾维那雪屈",却"以拄杖一时赶散"。大众,且道他毕竟作么生?险。

第二十二则　长庆淘金

举僧问长庆："众手淘金，谁是得者？"无手人得。庆云："有伎俩者得。"已是第二头。僧云："学人还得也无？"孟八郎作么？庆云："大远在。"不妨减人光彩。雪窦拈代云："这僧当时便喝。"贼过后张弓。复云："有伎俩者得，一手分付；减师半德。有伎俩者不得，两手分付。方堪传受。学人还得也无？苍天！苍天！一坑埋，却便打。"

长庆棱道者，平生参请，直是将死生着在额头上，坐破七个蒲团，岂似今日如存若忘。初参灵云，便问："如何是佛法大意？"灵云道："驴事未了，马事到来。"后举似雪峰，峰云："汝岂不是苏州人？"庆云："某甲岂不知是苏州人。"雪峰举似玄沙，沙云："恐他因缘不在和尚处，教伊下来，某向他说。"庆到玄沙处举前话，沙云："你是棱道者，作么生不会？"棱云："不知灵云与么道，意作么生？"沙云："只是棱道者，不用外觅。"棱云："和尚作么生与么说，某名不可不识，乞和尚说道理。"沙云："你是两浙人，我是福州人，作么生不会？"棱云："实不会，乞和尚说破。"沙云："我岂不是向你说也？"棱云："某甲特地来乞和尚为说，莫与么相弄。"沙云："你闻鼓声也无？"棱云："某不可不识鼓声也。"沙云:"若闻鼓声只是你。"棱云:"不会。"沙云:"且吃粥去,便上来。"棱吃粥,粥了便上云:"乞和尚说破。"沙云:"不是吃粥了也?"棱云:"乞和尚说破,莫相弄,某甲且辞归去。"沙云:"你来时从那里路来?"棱云:"大目路来。"沙云:"你去也从大目路去,怎么生说相弄?"后于雪峰,一日卷帘大悟。有颂云:"也大差!也大差!卷起帘来见天下,有人问我解何宗,拈起拂子蓦口打。"后来示众道:"撞着道伴交肩过,一生参学事毕。"大凡参请,须要抵死谩生,用做一件事顿在面前,忽然似长庆怎么桶底脱去,也不妨快活。须是舍长久工夫始得相应。一日僧问:"羚羊未挂角时如何?"庆云:"草里汉。""挂角后如何?"庆云:"乱叫唤。"看他得底人,自然用处七纵八横。这僧致个问头也有气息,却问长庆:"众手淘金,谁是得者?"众中谓之借事问。庆云:"有伎俩者得。"雪窦便出一只眼道:"有伎俩者不得。"这瞌睡汉更道:"某甲还得也无?"雪窦道:"苍天!苍天!"且道他意落在甚处?三日后看。

第二十三则　大梅无意

举僧问大梅①："如何是祖师西来意？"可煞新鲜。梅云："西来无意。"赚杀一船人。僧举似盐官②，官云："一个棺木，两个死汉。"是贼识贼。玄沙闻举云："盐官是作家。"也是火里人。雪窦云："三个也得。"如麻似粟③，成群作队。

师云："虽然如是，雪窦也是普州人送贼。举僧问：'人人有个观音，如何是和尚观音？'云云古镜话④亦然。'西来无意'，有

---

① 大梅：指的是明州大梅山法常禅师，是马祖道一的法嗣。据《景德传灯录》卷七："（禅师）襄阳人也，姓郑氏，幼岁从师于荆州玉泉寺。初参大寂，问：'如何是佛？'大寂云：'即心是佛。'师即大悟。唐贞元中居于天台山余姚南七十里梅子真旧隐……大寂闻师住山，乃令一僧到问云：'和尚见马师得个什么便住此山？'师云：'马师向我道即心是佛，我便向遮里住。'僧云：'马师近日佛法又别。'师云：'作么生别？'僧云：'近日又道非心非佛。'师云：'遮老汉惑乱人未有了日，任汝非心非佛，我只管即心即佛。'其僧回，举似马祖。祖云：'大众，梅子熟也。'"（《大正藏》第51册，第254页下~255页上。）
② 盐官：指的是唐代盐官齐安禅师，是马祖道一的法嗣。据《祖庭事苑》卷七："师讳齐安，姓李氏，海门人。出家受具得法于大寂，行道于盐官。当宣宗大中年，无疾而终，谥悟空禅师。"（《卍新纂续藏经》第64册，第414页下。）据《景德传灯录》卷七："杭州盐官镇国海昌院齐安禅师，海门郡人也，姓李氏。生时神光照室，复有异僧谓之曰：'建无胜幢，使佛日回照者，岂非汝乎？'遂依本郡云琮禅师落发受具，后闻大寂行化于龚公山，乃振锡而造焉。师有奇相，大寂一见深器异之，乃命入室，密示正法。"（《大正藏》第51册，第254页下。）
③ 如麻似粟：比喻既多又普通。麻和粟均为常见之物。
④ 古镜话：指《佛果击节录》下卷"雪峰古镜"这一公案。

底云无见无闻,又云一切皆无。若作恁么见解,一时坏了。你既道无,又用参请作什么?殊不知古人一期问答,应病与药,截断葛藤,后人只管狂狗逐块。盐官恁么道,且不是无意。通方作者,共相证明。玄沙、雪窦,不言而喻。"

第二十四则　临济蒿枝

举临济示众云："我于先师处，三度吃六十棒，如蒿枝子拂相似，贫儿思旧债。如今更思一顿棒吃，谁为下手？"打云："已吃了也。"僧出众云："某甲下手。"莫茆广！济拈棒与，棒头有眼。僧拟接，济便打。果然，何故？忠人无信。雪窦拈云："临济放去较危，收来太速。"不得不恁么，不恁么时如何？棒下无生忍，临机不见师。

师云："临济在黄檗会里三年，行业纯一。首座叹曰：'虽是后生，与众有异。'首座问：'上座在此多少时？'云云黄檗曰：'不得别处去，汝向高安滩头大愚处去。'云云大愚托开云：'汝师黄檗非干我事。'一日普请锄地，济见黄檗拄镢而立。檗曰：'这汉困那。'云云檗打维那，济连镢曰：'诸方火葬，我这里一时活埋。'到这里，且道与六十棒相见时如何？还知他本分作家么？临济从此一喝起来，如今向剑刃上求人，今人却换作移唤，他有什么气息？临济沩山处见仰山云：'我欲向北去，建立黄檗宗旨。'仰山云：'若到彼中，有二人辅佐你，只是有头无尾。'济到河北住一小院,普化①、克符②先在彼中。济谓二人曰:'我欲于此建立黄檗宗旨,汝且须成褫我。'二人珍重便下去。次日普化上堂问云:'和尚前日说什么?'济便打。又一日克符上来问:'和尚打普化作什么?'济亦打。至晚小参示众云:'有时夺人不夺境,有时夺境不夺人,有时人境俱夺,有时人境俱不夺。'克符出众便问:'如何是夺人不夺境?'济云:'煦日发生铺地锦,婴儿垂发白如丝。''如何是夺境不夺人?'济云:'王令已行天下遍,将军塞外绝烟尘。''如何是人境俱夺?'济云:'并汾绝信,独处一方。''如何是人境俱不夺?'济云:'王居宝殿,野老讴歌。'符礼拜,济便打。临济宗风,从来捋虎须,致使后代儿孙,爪牙卓朔地。他一日示众云:'我于先师处,三度吃六十棒,如蒿枝子拂相似,如今更思一顿棒吃,谁为下手?'须得个茆广汉,大胆出来,拟议之间,济便打。雪窦拈来眼亲便见云:'放去较危,收来太速。'"

---

① 普化:指的是镇州普化禅师。据《五灯会元》卷四:"(普化)不知何许人也。师事盘山,密受真诀,而佯狂出言无度。暨盘山顺世,乃于北地行化。或城市,或冢间,振一铎曰:'明头来,明头打。暗头来,暗头打。四方八面来,旋风打。虚空来,连架打。'一日,临济令僧捉住曰:'总不怎么来时如何?'师拓开曰:'来日大悲院里有斋。'僧回举似济。济曰:'我从来疑着这汉。'凡见人无高下,皆振铎一声,时号'普化和尚'……唐咸通初,将示灭,乃入市谓人曰:'乞我一个直裰。'人或与披袄,或与布裘,皆不受,振铎而去。临济令人送与一棺。师笑曰:'临济厮儿饶舌!'便受之。乃辞众曰:'普化明日去东门死也。'郡人相率送出城。师厉声曰:'今日葬不合青乌。'乃曰:'明日南门迁化。'人亦随之。又曰:'明日出西门,方吉。'人出渐稀。出已还返,人意稍怠。第四日,自擎棺出北门外,振铎入棺而逝。郡人奔走出城,揭棺视之,已不见,唯闻空中铎声渐远,莫测其由。"(第222~223页)。

② 克符:目前只知克符为临济义玄的法嗣,因其喜欢着纸衣,而被称为纸衣道者。《五灯会元》卷十一中称其为"涿州纸衣和尚"。

第二十五则　师祖珠藏

举师祖①问南泉："'摩尼珠，人不识，如来藏里亲收得'，如何是如来藏？"放下着。泉云："王老师②与你往来者是藏。"打葛藤作什么？雪窦云："草里汉。"有些子。祖云："不往来者？"两重公案。泉云："亦是藏。"有什么共语处？雪窦云："雪上加霜。"灼然。祖云："如何是珠？"打云："是什么？"雪窦云："险！着了也。百尺竿头作伎俩，不是好手。这里着得个眼，宾主互换，便能深入虎穴。且道具什么眼？直得宾主互换，想闻黎作这般手脚不得。或不恁么，纵饶师祖悟去，也是龙头蛇尾汉。说什么龙头蛇尾，更好与三十棒。何故？为他只恁么，不能不恁么。"

师云："《获珠吟》③：'拥之令聚而不聚，拨之令散而不散。侧耳欲闻而不闻，瞪目观之而不见。'又有者道：'南泉老婆心切。'古人到这无心境界，恁么道也得，不恁么道也得。识取钩头意，莫认定盘星。'草里汉''雪上加霜'，雪窦这两橛，且不得随语生解会。师祖问：'如何是珠？'泉召师祖，师祖应诺，泉

---

① 师祖：指的是终南山云际师祖禅师，只知他是南泉普愿禅师的法嗣，其他生平信息不详。
② 王老师：《祖庭事苑》卷三："池州南泉普愿禅师，郑州新郑人，姓王氏。得马祖之法，即唱道南泉，常自称王老师。"（《卍新纂续藏经》第64册，第352页上。）
③ 《获珠吟》：指《关南长老获珠吟》，收在《景德传灯录》卷三十。

云:'出去。'祖便悟。雪窦云:'险!'若要亲切,须着个眼看,主宾互换,临机独用,同得同证,有转变出身处始得。举清八路①问罗山②:'仰山插锹叉手意旨如何?'山云:'清尚座③,你还曾梦见仰山么?'"

---

① 清八路:《祖庭事苑》卷二:"因事立号,丛林素有之……如……清八路、米七师、忽雷澄、踢天太、鉴多口、不语通、黑令初、明半面、一宿觉、折床会、岑大虫、独眼龙、姓师叔、周金刚……皆禅林之白眉,闻其名者,莫不慕其所以为道也。"(《卍新纂续藏经》第64册,第329下。)
② 罗山:指的是福州罗山道闲禅师,他是岩头全奯禅师的法嗣。据《景德传灯录》卷十七:"(道闲禅师)郡之长溪人也,姓陈氏。出家于龟山,年满受具,遍历诸方。尝谒石霜问:'去住不宁时如何?'石霜曰:'直须尽却。'师不惬意,乃参岩头问同前语,岩头曰:'从他去住,管他作么?'师于是服膺。寻游清凉山,闽帅饮其法味,请居罗山,号法宝大师。"(《大正藏》第51册,第341页上。)但实际"清八路"所问的禅师并非罗山道闲,而是道闲的弟子明招德谦。同据《景德传灯录》卷二十三:"清八路举仰山插锹话问师(明招德谦):'古人意在叉手处?意在插锹处?'师曰:'清上座。'清应诺。师曰:'还曾梦见仰山么?'清曰:'不要下语,只要上座商量。'师曰:'若要商量,堂头自有一千五百人老师在。'"(《大正藏》第51册,第392页中。)
③ 清尚座:据上注,应为"清上座"。

第二十六则　镜清问僧

举镜清①问僧："赵州吃茶去，你作么生会？"明珠不合弹雀儿。僧便出去。似则似，是则不是。清云："邯郸学唐步。"一手抬，一手搦。雪窦拈云："这僧不是邯郸人，为什么学唐步？扶强不扶弱。若辨得出，与你吃茶。且喜没交涉。"

师云："邯郸乃是赵国，其人善行，宋人往学之不成，唐捐其功云云，故云：'邯郸学步，匍匐而归云云。'雪窦错会庄子意云云，不免将错就错。南禅师颂云：'相逢相问知来历云云。'雪窦大意，只拈他二人相见处。"

---

① 镜清：指的是五代吴越禅僧镜清道怤，他是雪峰义存的法嗣。据《祖庭事苑》卷七："（镜清道怤）永嘉陈氏子。生不茹荤，剃发受具，问道于闽川。雪峰一见而问曰：'汝甚处人？'曰：'不敢道是温州人。'峰曰：'恁么则一宿觉乡人邪？'曰：'只如一宿觉是甚处人？'峰曰：'尿床鬼子，好与一顿棒，且放过。'师证道之后，众所钦服，皆谓小怤布衲。寻被越人之命，居镜清禅苑。副使皮光业尝师问焉，光业即日休之子也。吴越国王钱氏致礼甚勤，赐号顺德大师，为开天龙、龙册二寺延之。晋天福二年（937）示灭，茶毗于大慈山，得骨舍利，建塔于龙母之阳。镜清，本朝赐额曰景德者是矣。"（《卍新纂续藏经》第64册，第419页上。）

第二十七则　云门法身

举僧问云门①："如何是法身向上事？"天下衲僧疑着。门云："向上与汝道即不难，作么生会法身？"惯得其便。僧云："请和尚鉴。"看！门云："鉴即且置，作么生会法身？"第二阵旗枪来也。僧云："恁么！恁么！"分疏不下。门云："这个是长连床②上学得底，我且问你法身还吃饭么？"忒煞无佛法身心，若是我当时，只向他道："草贼大败。"便走。僧无语。这汉饱吃了饭，却作这般去就。雪窦拈云："将成九仞之山，不进一篑之土，山僧适来也道了也。过在什么处？打云：'只是吃饭汉。'"

师云："僧问仰山：'法身还解说法也无？'仰山推枕子话云云，沩山闻云：'寂子用剑刃上事。'又举陈操尚书问衲僧本分事云云。'请和尚鉴。'这僧不妨奇特，争奈云门是作家，向虎口里横身。'恁么？恁么？'更僻在闲处，便见者草贼大败。雪窦恁么拈，人道什么？"

---

① 云门：指云门文偃禅师，是雪峰义存的法嗣。据《祖庭事苑》卷二："大师讳文偃，嗣雪峰存禅师。其初，广王刘氏命住韶州灵树，后迁居云门，赐号匡真，演化五十余载。"（《卍新纂续藏经》第64册，《祖庭事苑》，第339页上。）
② 长连床：禅林僧堂所置之大床也，长大而连坐多人者。

第二十八则　三圣金鳞

举三圣问雪峰："透网金鳞以何为食？"担枷过状，自己也不知。峰云："待汝出网来，即向汝道。"钝滞杀人。圣云："一千五百人善知识，话头也不识。"一任跻跳。峰云："老僧住持事繁。"时人尽道："雪峰有陷虎之机。"要且不然。雪窦云："可惜放过，好与三十棒。这棒，一棒也饶不得。为什么如此？直是罕遇作家。便打，你也未是作家。"

师云："问'透网金鳞以何为食？'若是担板汉①，决定向食处作活计。作家宗师，不妨奇特。'待汝出网来即向汝道。'且道是曾出网来，不曾出网来？圣云：'一千五百人善知识云云。'此语也毒，雪窦犹自道未在。'好与三十棒'，其意要显本分草料。向雪峰头上行，诸人若要转变自在处么？不然辜负雪峰。雪窦便打，是有过是无过？你若辨得出，拄杖子属你。"

---

① 担板汉：挑担的人不能回头，只能看到前面，看不到后面。比喻执着一端不能通悟者。

第二十九则　伏牛驰书

举伏牛①为马祖驰书到国师②处，师问："马祖有何言句示人？"当时便喝，免见葛藤。牛云："即心即佛。"苍天！苍天！国师云："是什么话？"灼然不放过。良久再问："更有什么言句？"好便与一喝。牛云："不是心，不是佛，不是物。"漏逗不少。国师云："犹较些子。"也只是随邪逐恶。雪窦代云："当时便喝。"已是第二重公案。牛却问："和尚此间如何？"也好。国师云："三点如流水，曲似刈

---

① 伏牛：指的是伏牛山自在禅师。据《景德传灯录》卷七："伊阙伏牛山自在禅师者，吴兴人也，姓李氏。初依径山国一禅师受具，后于南康见大寂发明心地。因为大寂送书于忠国师，国师问曰：'马大师以何示徒？'对曰：'即心即佛。'国师曰：'是甚么语话？'良久又问曰：'此外更有什么言教？'师曰：'非心非佛，或云不是心，不是佛，不是物。'国师曰：'犹较些子。'师曰：'马大师既恁么，未审和尚此间如何？'国师曰：'三点如流水，曲似刈禾镰。'师后隐于伏牛山，一日谓众曰：'即心即佛，是无病求病句；非心非佛，是药病对治句。'僧问：'如何是脱洒底句？'师曰：'伏牛山下古今传。'师后于随州开元寺示灭，寿八十一。"（《大正藏》第51册，第253页上。）

② 国师：即南阳慧忠国师，牛头宗第六世。《景德传灯录》卷四："（南阳慧忠国师）润州上元人也，姓王氏。年二十三受业于庄严寺，其后闻威禅师出世，乃往谒之。威才见曰：'山主来也。'师感悟微旨，遂给侍左右。后辞，诣诸方巡礼……出居延祚寺。师平生一衲不易，器用唯一铛。尝有供僧谷两麇，盗者窥伺，虎为守之……后众请入城居庄严旧寺……繇是四方学徒云集坐下矣。得法者有三十四人，各住一方转化多众……唐大历三年，石室前挂铛树挂衣藤，忽盛夏枯死。四年六月十五日，集僧布萨讫，命侍者净发浴身。至夜有瑞云覆其精舍，空中复闻天乐之声，诘旦怡然坐化。时风雨暴震折林木，复有白虹贯于岩壑。五年春，茶毗，获舍利不可胜计，寿八十七。"（《大正藏》第51册，第229页。）

禾镰。"更是葛藤。雪窦云："'是什么语话？'不是雪窦也不知落处。也好与一拶。拶即不无，且道雪窦意落在什么处？见之不取，千载难忘。打云：'着！'"

师云："伏牛是马祖下八十四人之一数，与丹霞为方外知音，通儒书、讲教。国师垂问伏牛，只合便道'不是心，不是佛，不是物'，为什么先道'即心是佛'？可谓作家禅客，不辱宗风。雪窦代云：'伏牛等国师问马祖有何言句，便下一喝，诸人若辨得这一喝，下面一落索，一时辨得。'国师道：'犹较些子。'雪窦代云：'便喝。'不可道国师不是，雪窦更要向上行。前头'即心是佛'，后面'不是心，不是佛，不是物'。伏牛却问，国师云：'三点如流水，曲似刈禾镰。'俱是心。雪窦代伏牛出气，不妨是作家钳锤。翻覆看，方见雪窦有工夫，得其妙处。诸人若向雪窦'也好与一拶处'参得彻，许汝有回互转变处。"

第三十则　玄沙过患

　　举玄沙问镜清："我不见一法为大过患,你道不见什么法?"和尚自屎不觉臭。清指露柱云："莫是不见这个法?"第二头承当。玄沙云："浙中清水白米从你吃,佛法则未在。"招他怎么道。雪窦云："大小镜清,被玄沙热瞒。只这雪窦也无出身处。我当时若见,但向他道:'灵山授记也未到如此。'"只恐你承当不下。

　　师云："镜清住越州镜湖三十年,举一宿觉乡人话。玄沙问得漏逗云云,镜清答得郎当。何故如此?只为伊识破来处。如排两阵,彼此相向,只对些子机锋。举《涅槃经》中:'菩萨摩诃萨不见一法过于嗔者,六根本中唯嗔最毒。'玄沙云:'不见什么法?'问得言中有响,莫是不见云云,答处早转变了也。镜清道'莫是'二字,大有淆讹。争奈镜清皮下有血,玄沙眼里有筋。二俱好手,两不相饶,此皆从上来命脉,浙江将为锻炼语。"

第三十一则　报慈问僧

举先报慈①问僧："近离什处？"也要验过。僧云："卧龙。"实头人难得。慈云："在彼多少时？"好与一拶。僧云："经冬过夏。"也好个坦荡汉。慈云："龙门无宿客，为什么在彼许多时？"也好验过。僧云："狮子窟中无异兽。"两头三面。慈云："汝试作狮子吼看。"拈一放一。僧云："若作狮子吼，即无和尚也。"虽然落草，却有主宰。慈云："念汝新到，且放三十棒。"彼此钝滞。雪窦云："奇怪！诸禅德！若平展则两不相伤，递相钝滞，有什么用处？据令则彼此俱险，一时丧身失命。还点捡得么？打云：'险！'"

师云："此个公案，宾主相见，如排刀枪大阵，却用特石，毕竟却不失血脉。'狮子窟中无异兽'，料掉没交涉，却有活处。云：'念汝新到，且放汝三十棒。'死中得活，从头都放过。何故？合用处却不用，不用处又却活泼泼地。雪窦拈：'平展则两不相伤。''龙门无宿客'，已是平展，且道甚么处是险处？"

---

① 报慈：指的是长庆慧棱的法嗣，福州报慈院光云慧觉禅师。文献中对这位禅师的生平几乎没有记载，只知他是唐末五代时人。

第三十二则　船子丝纶

举船子①颂云："千尺丝纶直下垂，一波才动万波随。有么？有么？夜静水寒鱼不食，满船空载月明归。劳而无功。"雪窦云："这老汉劳而无功。已在言前。或若云门道：'一句合头语，万劫系驴橛。'正中这汉毒药。又作么生免此过？用免作什么？"良久云："莫道水寒鱼不食，如今钓得满船归。"终是有心。

师云："船子和尚三颂，唯此一颂最为深妙。举洛浦龙潭答

---

① 船子：指的是船子德诚和尚，是药山惟俨禅师的法嗣。据《五灯会元》卷五："（德诚）节操高邈，度量不群。自印心于药山，与道吾、云岩为同道交。泊离药山，乃谓二同志曰：'公等应据一方，建立药山宗旨。予率性疏野，唯好山水，乐情自遣，无所能也。他后知我所止之处，若遇灵利座主，指一人来，或堪雕琢，将授生平所得，以报先师之恩。'遂分携。至秀州华亭，泛一小舟，随缘度日，以接四方往来之者。时人莫知其高蹈，因号'船子和尚'。"（第275页）

木平话①，举夹山②见船子话。'一波才动万波随'，山僧道：'有么？有么？'毕竟作么生？'夜静水寒鱼不食云云''合头语'，本是船子语，后来云门爱举，雪窦用作云门语。既是船子语，为什么却有合头话？雪窦见他语堕在这里，所以与他开一线道活路。"

---

① 举洛浦龙潭答木平话：据《禅林类聚》卷十五："木平道禅师初谒洛浦，遂问：'一沤未发已前如何辨其水脉？'浦云：'移舟谙水势，举棹别波澜。'师不惬意，次参盘龙，如前置问，龙云：'移舟不辨水，举棹即迷源。'师因此相契。"（《卍新纂续藏经》第67册，第94页下。）洛浦，指的是唐代洛浦元安禅师，据《禅林僧宝传》卷六："禅师名元安，生淡氏，凤翔南游人也。幼依怀恩寺祐律师，剃发受具。既长，通经论，初造翠微，无所契悟。北至临济，临济称其俊爽可教，安自负辞去。至夹山，庵于冢巅。夹山讶之，以书抵安……夹山殁，众以安次补。住持久，移居洛浦……唐光化元年戊午（898），秋八月，诫门弟子曰：'出家之法，长物不留，况其他耶？切须在念，时不待人。'至十二月一日，又曰：'吾旦夕行矣。'……二更时，众请安代答。安曰：'慈舟不泛沧波上，剑峡徒劳放木鹅。'泊然而化，阅世六十有五，坐四十六夏。"（《卍新纂续藏经》第79册，第504页下~第505页中。）木平指的是袁州木平山善道禅师，是蟠龙可文禅师的法嗣（蟠龙可文嗣夹山善会），其余事迹不详。

② 夹山：指的是唐代夹山善会禅师。据《五灯会元》卷五："（善会）广州廖氏子。幼岁出家，依年受戒，听习经论，该练三学。出住润州鹤林，因道吾劝发，往见船子，由是师资道契，微联不留（语见船子章）。恭禀遗命，遁世忘机。寻会学者交凑，庐室星布，晓夕参依。咸通庚寅，海众卜于夹山，遂成院宇。"（第292页。）至于善会与船子之间的故事，在禅门中也是非常知名的，据《释氏稽古略》卷三："道吾指夹山（善）会禅师来参船子，山既解悟。别去已，频频回顾，师遂唤阇黎，山回首，师竖起桡曰：'汝将谓别有耶？'乃覆舟入水而逝。"（《大正藏》第49册，第837页上。）

第三十三则　投子一言

举投子①问巨荣禅客："老僧未曾有一言半句挂诸方耳目，何用要见山僧？"莫谤人好。僧云："到这里不施三拜，要且不甘。"见机而作。子云："出家儿得恁么没碑记。"和尚惯用此机。僧绕禅床一匝而出。将为胡须赤，更有赤须胡。子云："有眼无耳朵，六月火边坐。"贼过后张弓。雪窦云："也不得放过，作么生？才转便与擒住，喝云：'是谁不甘？'咄！若跳得出，不妨是一员衲僧。你也跳不出了也。"

师云："巨荣禅客，诸方常有问答话，收放作家。争奈投子是奇人，钩头有饵，吃着则丧身失命，可谓得逸群之用，钓得来，锤得破。有般底，呼得来，遣不去，毕竟干戈作乱。子云：

---

① 投子：指宋代投子义青禅师。据《禅林僧宝传》卷十七："禅师名义青，本青杜人，李氏子也。七龄颖异，去妙相寺出家。十五试《法华经》，得度为大僧……至浮山，时圆鉴远禅师退席，居会圣岩。远梦得俊鹰畜之，既觉而青适至。远以为吉征，加意延礼之。留止三年，远问曰：'外道问佛，不问有言，不问无言时如何？世尊默然，汝如何会？'青拟进语，远蓦以手掩其口，于是青开悟……服勤又三年，圆鉴以大阳皮履、布直裰付之曰：'代吾续洞上之风，吾住世非久，善自护持，无留此间。'青遂辞出山，阅大藏于庐山慧日寺。熙宁六年（1073）还龙舒，道俗请住白云山海会寺，计其得法之岁，至此适几十年。又八年，移住投子山，道望日远，禅者日增。潜通暗证者比比有之……元丰六年（1083）四月末，示微疾，以书辞郡官诸檀越。五月四日……遂泊然而化，阇维收舍利灵骨。以闻六月，塔于寺之西北三峰庵之后。阅世五十有二，坐三十有七夏。"（《卍新纂续藏经》第79册，第526页下~527页上。）

'出家儿得怎么没碑记?'盖无知见。这僧也是淆讹,却不礼拜,绕禅床而出。若是别人,无奈他何,投子也不忙,云:'有眼无耳朵,六月火边坐。'这僧有无转变作用云云。投子末后一句,盖是从上来人行履。这个唯赵州会得投子意,若是诸人,当时被投子擒住,合下什么语?"

第三十四则　祖师六尘

举祖师云："六尘不恶，还同正觉①。"眼见耳闻有什么过。雪窦云："拄杖子是尘，有什么过？这老汉，又要第二杓恶水在。过既无，应合辨主？第三头藏身露影。所以道，粪扫堆上现丈六金身，且拈在一边；作家宗师，终不藏身露影。赤肉团上壁立千仞，又放过一着。弄精魂汉，有什么限。直饶八面四方，正好连架打。打云：'已落第八头。'"

师云："《信心铭》云云。'见闻觉知无障碍，声香味触常三昧。'云门云：'一切处不是三昧，有声香味触体在一边，声香味触在一边，见解偏枯。'又云：'即此见闻非见闻，更无声色可呈君。'洞山云：'尘中不染丈夫儿。'云门云：'拄杖子但唤作拄杖子，一切但唤作一切。尘劳之俦为如来种，六尘只得不唧嚼。二乘等人如焦谷芽，不复再生。'又本仁②道：'色不是色，声不是声。六尘皆然，毕竟如何。还同正觉，智与理冥，境与神会云

---

① 六尘不恶，还同正觉：此句出自三祖僧璨的《信心铭》。
② 本仁：指的是高安白水本仁禅师。据《宋高僧传》卷十三："筠州白水院释本仁，不知何许人也。得心于洞山法席。仁罕谈道，而四方之人若影之附形，却之还至。乃徇丹阳人请，住无几时。天复中，至洪井高安白水院聚徒。垂欲入灭，先触处告违，乃集众焚香曰：'至香烟尽处，是某涅槃时。'如其言，端坐而化。"（第304~305页）。

云。'心如境亦如，无实亦无虚。过既无，拄杖头上须辨个主宾，不可伈伈侗侗。'粪扫堆上现丈六金身'，见悟本语。'赤肉团上壁立千仞'，是临济语。雪窦道：'此二人俱未有主在。'"

第三十五则　本生挂杖

举本生①以拄杖示众云：也是一场狼藉。"我若拈起，你便向未拈起时作道理。我若不拈起，你便向拈起时作主宰。尖上更加尖。且道老僧为人在什么处？当时若与本分草料。"时有僧出云："不敢妄生节目。"是即是太帘纤。生云："也是阇黎不分外。"未是好心。僧云："低低处，平之有余；高高处，观之不足。"似恁么衲僧一个半个则得，千个万个无处觅。生云："节目上更生节目。"也不放过。僧无语。灼然龙头蛇尾。生云："掩鼻偷香，空招罪犯。"据款结案。雪窦云："这僧也善能切磋，争奈弓折箭尽。也有些子。然虽如此，且本生是作家宗师，为人在什么处？若不是作家，争解恁么道。拈起也，天回地转，应须拱手归降；那里得这消息来。放下也，草偃风行，必合全身远害。打云：'也须吃三十棒始得。'还见本生为人处也无？拗折拄杖子，作生为人？"雪窦复拈起拄杖子云："太平本是将军致，不许将军见太平。"口如楄担，眼如木梡，且道拄杖子在什么处？瞎汉！

师云："诸人且道拄杖子为人在什么处？且道拈起是不拈起是？若是顶门上有眼底汉，朕兆未萌前荐去即得。若向正令已行

---

① 本生：指唐代本生禅师，是大颠宝通的法嗣，其他生平事迹不详。

后作主宰,卒摸索不着。僧云:'不敢妄生节目。'也是个圆陀陀底汉。'节目上更加节目',且道是罚是赏?僧无语。生云:'掩鼻偷香,空招罪犯。'当时合下得个什么语,免得本生恁么道。看他宾主相酬,两口剑相似。雪窦道:'这僧也善能切磋,争奈弓折箭尽。'别人只拈到这里,雪窦有余才:'拈起则天回地转,应须拱手归降;放下也草偃风行,必合全身远害。'本生会瞻前顾后,不失血脉。本生公案,雪窦拈得也好,不见道:'太平本是将军致,不许将军见太平。'"

第三十六则　安国伊兰

举安国①问僧："得之于心，伊兰②作旃檀之树；逢强即弱。失之于旨，甘露乃蒺藜③之园。遇贱即贵。我要个语，具得失两意。乃竖起拂子云：'且道唤作拂子，不唤作拂子？'"僧竖起拳云："不可唤作拳头。"不可唤作拳头，唤作什么？弄泥团汉。国云："只为唤作拳头。"也是两个无孔铁锤。雪窦云："无绳自缚汉，拳头也不识。"三个也得，师云："虽然如是，尽是义学沙门。"

师云："安国承嗣雪峰。此是《忠国师塔铭》语云：'得之于心，伊兰作旃檀之树；失之于旨，甘露乃蒺藜之园。'举'正人说邪法，邪法即为正。邪人说正法，正法即为邪'。'得之于心，伊兰作旃檀之树'，逢强即弱；'失之于旨，甘露乃蒺藜之园'，遇贱即贵。'我要个语，具得失两意。'是时会中也有恁么人。此个下语，不失宗旨，雪窦依样画猫儿，三个一时恁么，教山僧作么生？"

---

① 安国：指的是唐末五代福州安国院弘瑫明真禅师。文献中对其记载不详，据《五灯会元》卷七所记，知其为泉州人，姓陈，是雪峰义存的法嗣。
② 伊兰：又作伊那拔罗树，意译为极臭木。属蓖麻类，有恶臭，与栴檀之香气适反，其种子可提炼蓖麻油。经论中多以伊兰比喻烦恼，而以栴檀之妙香比喻菩提。
③ 蒺藜：《大正藏》及《频伽藏》本皆为"蒵"，据文意改为"藜"。

第三十七则　玄沙见虎

举玄沙与天龙入山见虎①。囡。龙云："前面是虎。"好个消息。沙云："是汝。"漏逗不少。雪窦云："要与人天为师，面前端的是虎。"山僧也恁么，天下人恁么，用祖师作什么？

师云："天龙与玄沙入山，见此机缘，有什么省处？举雪峰下有孚上座见虎云：'某甲甚怕怖。'峰云：'是你屋里事，怕作什么？'要明尽大地是沙门一只眼，坐断天下人舌头。识取这个时节，不见道：'一尘才起，大地全收。一毛头狮子，百亿毛头一时现。'莫道物为己。南阎浮提有四种重障，若人透过，不落阴界。山不是山，水不是水，虎不是虎，物不是物。若乃情尽，无不皆是。更无是物，皆同一体作用。云门道：'尽乾坤大地无一纤毫云云。'若向这里见得玄沙，便乃见玄见妙，见佛见祖，见颠见狂。山是山，水是水，虎是虎，物是物。各归本位，各着平实处。也为人不得，须是恁么也不得，不恁么也不得，恁么不恁

---

① 举玄沙与天龙入山见虎：据《禅林类聚》卷二十："玄沙备禅师与天龙普请，往海坑斫柴见虎。龙云：'前面是虎。'师云：'是汝阿虎。'龙归院乃问：'适来山中见虎云是汝，未审和尚尊意如何？'师云：'娑婆世界有四种重障，若人透得，许汝出阴界。'"（《卍新纂续藏经》第 67 册，第 120 页上。）天龙，指的是玄沙师备的法嗣杭州天龙寺重机明真禅师。据《五灯会元》卷八："（明真）台州人也。得法玄沙，复回浙中。钱武肃王请出世开法。"（第 450 页。）

么,不恁么却恁么。更买草鞋行脚三十年,是有坐断,是无坐断也未在。且道毕竟作么生参?"

第三十八则　洞山三顿

举洞山初和尚①到云门。门问："近离什么处？"常程途②。山云："查渡。"实头人③难得。门云："夏在什么处？"第二头箭锋也须着眼。山云："湖南报慈。"可煞不瞒人。门云："几时离彼中？"三重公案。山云："去年八月。"只为脚不踏实地。门云："放汝三顿棒。"天下衲僧只知有恁么事，殊不知有不恁么事。山至来日却上问讯④："昨日蒙和尚放三顿棒，不知过在什么处？"果然摸捺不着。门云："饭袋子！江西湖南，便怎么商量去。"可惜许。山于此大悟。还曾梦见也未？雪窦拈云："云门气宇如王，不妨孤危峭峻。拶着便冰消瓦解。"

---

① 洞山初和尚：即洞山守初禅师。《禅林僧宝传》卷八记载："禅师名守初，出于傅氏，凤翔良原人也……年十六跪白求出家，吕许之。依渭州崆峒沙门志谂剃发。诣泾州舍利，律师净圆受具足戒。始游律肆，执卷坐睡，弃去，历咸秦，自襄汉南，至长沙坐夏。夏休诣云门偃禅师。……即日辞去，北抵襄汉伪汉。乾祐元年（948），众请住洞山，禅其律居。……本朝大平兴国六年（981），尚书石公、襄帅赵公交章奏初有道行，化于此邦，补助圣化。有旨赐徽号、紫伽梨，旌异之。住山四十年，道遍天下。淳化元年（990）秋七月，无疾跏趺而化。阅世八十有一，坐六十有五夏。"（《卍新纂续藏经》第79册，第508页下。）
② 常程途：应是指云门禅师问"近离甚么处"，是一种常见的提问。杜甫《水会渡》诗有："山行有常程，中夜尚未安。"常程，是指一定的路程。
③ 实头人：即老实人。
④ 问讯：是敬礼法之一。即向师长、尊上合掌曲躬而请问其起居安否。

草里辊①。当时若据令而行，令人常忆庞居士②。子孙也未到断绝。你也替他吃棒。"

师云："大沩真如和尚③，爱教人看这因缘，拈人情解。云门道：'近离什处？'山云：'查渡。'此放一顿棒。又云：'夏在什处？'山云：'湖南报慈。'此是放一顿棒。'几时离彼中来？'山云：'去年八月。'此是放一顿棒。只管情解道：'分明是三顿棒，且喜④没交涉⑤。又有一般道：'洞山实头，所以放他三顿棒。'又有底道：'当时便好一喝，若论如何若何，更是狂见。'一时不恁么，毕竟作么生？所以古人道：'承言须会宗，勿自立规矩。'雪窦要打他道：'饭袋子！江西湖南，便恁么商量。'正好打。云门虽然养子方知父慈，拈他情解便会，只为云门语好，便发得悟处。有本收削去'商量'二字，只云'江西湖南便恁么去'。一悟后便道：'我已后向十字街头卓个庵，不蓄一粒米，不种一茎

---

① 草里辊：与落草的含义相似。谓降低身分地位。禅林中之教化方法，教化者在凡愚众生中降低自己身分，随凡愚污浊之现实而行化导，称为落草，又称向下门。又堕落于卑下境地之人，则称落草汉，乃轻蔑之语。
② 庞居士：即庞蕴。《五灯会元》卷三："襄州居士庞蕴者，衡州衡阳县人也，字道玄。世本儒业，少悟尘劳，志求真谛。唐贞元初谒石头……后与丹霞为友……后参马祖，问曰：'不与万法为侣者是甚么人？'祖曰：'待汝一口吸尽西江水，即向汝道。'士于言下顿领玄旨。乃留驻，参冻二载。……自尔机辩迅捷，诸方向之。因辞药山，山命十禅客相送至门首……居士所至之处，老宿多往复问酬，皆随机应响，非格量轨辙之可拘也。元和中，北游襄汉，随处而居。有女名灵照，常鬻竹漉篱以供朝夕……士将入灭，谓灵照曰：'视日早晚及午以报。'照遽报：'日已中矣，而有蚀也。'士出户观次，灵照即登父座，合掌坐亡。士笑曰：'我女锋捷矣。'于是更延七日，州牧于公顿问疾次，士谓之曰：'但愿空诸所有，慎勿实诸所无。好住世间，皆如影响。'言讫，枕于公膝而化。遗命焚弃江湖，缁白悼。谓禅门庞居士，即毗耶净名矣。有诗偈三百余篇传于世。"（第186页~187页）
③ 大沩真如和尚：指真如慕喆禅师，见前第九则《雪峰古涧》中"真如喆"词条。
④ 且喜：指好在，还好。
⑤ 没交涉：指与所要达到的目标不沾边，背道而驰。意谓与禅法毫无关系，根本不符合禅法，是禅家习用批评语。

菜，接待十方知识，与他拈却炙脂帽子①，脱却鹘臭布衫②，令教洒洒落落，个个做无事道人去。'一如临济当时去见大愚，只被大愚拈他情见，便会得彻，且道这个是如何。古人一言一句，转凡成圣，点铁成金，所谓'粉骨碎身未足酬，一句了然超百亿'。后来僧问如何是佛，便只道麻三斤，看他那里是安排得来。祖师门下一觑便见，那里有许多般，千圣万圣挨拶③，教人见到这里。虽然点破纲宗，要且意在未痾时。明眼汉，没窠臼，所以岩头道：'若论战也个个立在转处。'向未痾时一觑便见，廓天一路相似，灵利汉疑着处，一点便会。雪窦拈云：'云门一似霸王相似，因什么拶着便冰消瓦解？'雪窦嫌云门老婆心如此，当时真个好打。到这里拈则许你拈，会则不许你会，若只恁么会，又错了也。当时劈脊便打，赶出去，已放过了也。教他后来道：'如何是佛？'麻三斤。前也不着村，后也不着店，天下人不奈何。或若奈何时如何？鼻孔撩天④。"

---

① 炙脂帽子：指沾染油脂的帽子。
② 鹘臭布衫：带着体臭的布衫，与炙脂帽子同喻指无明烦恼、情识知见等。
③ 挨拶：同"一挨一拶"，禅宗用语。挨，相互推挤。拶，相互问答。指学人和禅师间互相以动作或语言测试对方。
④ 鼻孔撩天：形容高傲自大。陆游《入蜀记》卷五："荆州绝无禅林，惟二圣而已。然蜀僧出关，必走江浙，回者又已自谓有得，不复参叩。故语云：'下江者疾走如烟，上江者鼻孔撩天。徒劳他二佛打供，了不见一僧坐禅。'"

卷下

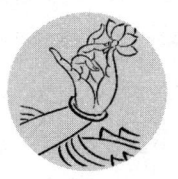

第三十九则　大慈示众

举大慈①示众云："山僧不解答话，只是识病。"自病教阿谁识？时有僧出，须是放过。大慈便归方丈。且道这僧患什么病。雪窦拈云："大凡扶竖宗乘，须是辨个得失。果然。且大慈识病不答话，时有僧出便归方丈。膏肓之病，决不可医。雪窦识病不答话，或有僧出劈脊便棒。且道这一服药，医得什么病？诸方识病不答话，有僧出必然别有长处，不可只守他途辙②去。敢有一个动着，大唐天子只三人。打云：'如麻似粟。'"

师云："杭州大慈，乃马祖下尊宿，蒲阪③人，顶骨耸高，其声如钟。一日示众云：'大慈不解答话，只是识病。且道这僧病

---

① 大慈：即杭州大慈寰中禅师。《宋高僧传》卷十二《唐杭州大慈寰中传》："释寰中，姓卢氏，河东蒲阪人也……年二十五，随计中甲科，然未塞其怀，复思再捷。无何，遭母之忧，遂庐于墓所。及服阕，径往北京童子寺出家，二稔未周，诸经皆览。明年，往嵩岳登戒，肄习律部。于兹博通，忽慕上乘，决往百丈山，深得玄旨。后隐南岳常乐寺……后之杭浙江之北有山号大慈，居未久檀信爱臻，旋成巨院，四方僧侣参礼如云。属武宗废教，中衣短褐，或请居戴氏别墅焉。大中壬申岁，太守刘公，首命剃染，重盛禅林。壬午岁二月十五日，嘱累声毕而终……享年八十三，法腊五十四。有说常乐寺山虎跑泉，当中公灭日，忽焉干涸。异哉！此资中之受用耳。至乾符丁酉岁，敕谥大师号性空，塔名定慧也。缙云太守段成式为真赞焉。"（第273~274页）

② 途辙：指遵循别人走过的路，比喻沿袭旧规。途，道路。辙，车轮轧过的痕迹。

③ 蒲坂：古邑名，又作蒲阪、蒲反。

在什么处?'法眼道:'众中唤作病,在目前不识①。'玄觉②云:'且道大慈识病不识病?此僧出来,是病不是病?若言是病,逐日行住坐卧,不可总是病;若言不是病,出来图个什么?'大慈后来示众云:'说得一丈,不如行取一尺;说得一尺,不如行取一寸。'洞山闻云:'我即不恁么。'僧云:'和尚作么生?'山云:'说取行不得底,行取说不得底。'云居③云:'行时无说路,说时无行路。不说不行时,合行什么路?'洛浦云:'行说俱到,即是本分事无;行说俱不到,即本分事在。'不见赵州小参示众云:'今夜答话去也,有解问者试出来看。'时有僧出礼拜,州

---

① 众中唤作病,在目前不识:《金陵清凉院文益禅师语录》卷一:"举大慈上堂云:'山僧不解答话,只能识病。'时有僧出,大慈便归方丈。师云:'众中唤作病,在目前不识。'"(《大正藏》第47册,第593页。)

② 玄觉:杭州大慈禅师生卒年是公元780年~862年,而唐代永嘉玄觉禅师生卒年则是公元675年~713年,显然永嘉玄觉是无法点评"大慈识病"这一段公案的。行言玄觉在《五灯会元》卷十"青原下九世清凉文益禅师法嗣"中有记,可见行言玄觉导师是清凉文益法嗣,其活动时间晚于大慈禅师,法眼禅师先点评这段公案,作为法眼禅师法嗣的行言玄觉再点评这段公案是可信的。行言玄觉早于圆悟克勤(1063~1135)的活动时间,故能在《击节录》中被提及。由此可见,此处之玄觉极可能是金陵报慈行言玄觉导师。行言玄觉,生卒年不详,泉州人。

③ 云居:指云居道膺禅师,唐代禅僧。《宋高僧传》卷一二《唐洪州云居山道膺传》:"释道膺,姓王氏,蓟门玉田人也……二十五方于范阳延寿寺受具足戒。乃令习声闻律仪,膺叹曰:'大丈夫可为桎梏所拘邪?'由是拥线衲振锡环,诣翠微山问道三载。宴居,忽睹二使者,冠服颇异,勉膺曰:'胡弗南方参知识邪?'未几,有僧自豫章至,盛称洞上禅师言亥。膺感动神机,遂专造焉。如是洞上垂接,复能领会……自尔洞上印许。初住三峰,后就云居提唱。时唐之季,钟氏据有洪井,倾委信诚,每一延请入州,则预洁甘子堂以礼之。乃表于昭宗,赐紫袈裟一副并师号焉。都不留意……以天复元年辛酉秋示疾,至明年正月三日而化焉。"(第284~285页。)

云:'适来抛砖引玉,却引得个墼①子。'又资福②云:'隔江见资福刹竿③便回去,脚跟下好与三十棒,何况过江来?'只如大慈如此示众,便有僧出,大慈见不堪与语,便归方丈。古人下钩钓鲲鲸,岂与你捞虾摝蚬④来。你若是个汉,才上来却与你辨明。且道大慈意毕竟作么生?诸人试去仔细参详,看时作么生。雪窦拈云:'大凡扶竖宗乘,须是辨个得失。'雪窦既如此拈,且道什么处是辨得失处?雪窦自云识病不答话,或有僧出,劈脊便棒,且道此意又作么生?这个与古人齐肩并驾,往往更加出古人,方可敢拈公案。自家既参不透,向什么处见古人,向什么处下手拈掇⑤。雪窦拈得好!且道⑥'诸方识病不答话,有僧出必然别有长处',敢问诸人,且道作么生是诸方长处?诸公拈一条挂杖到处行脚,他时或被人推向曲录木床⑦上坐,或有人出来,且作么生⑧

---

① 墼:《卍新纂续藏经》本《击节录》中作"擊","擊"是"击"的繁字体。《大正藏》本《明觉禅师语录》"拈古"一卷中作"墼"。墼是指未烧的砖坯,如土墼、炭墼。余处如"抛砖引擊"皆改为"墼"。
② 资福:指吉州资福贞邃禅师,生卒年不详,五代禅僧。《祖堂集》卷第十九《资福和尚》:"资福和尚嗣仰山和尚,在吉州。师讳贞邃,韶州浈昌县人也。"(《祖堂集》,第872页)。
③ 刹竿:长竿之上以金铜造宝珠焰形,以立之于寺前。刹者土田之义,以表梵刹,故名刹竿。又西国不别设幡竿,于塔上立竿柱(即九轮),竿头安置舍利,其义同土田,故亦名刹竿。在禅宗寺院中,为法会或说法活动所竖起的旗竿,也被称为刹竿。
④ 捞虾摝蚬:多喻禅家接引学人。虾、蚬,有时喻小根器者。
⑤ 拈掇:即举说,议论公案机语,是禅家说法的一种形式。
⑥ 且道:《大正藏》本作"且到",驹泽本作"且道",案此书余处皆作"且道",故改为"且道"。
⑦ 曲录木床:《禅林象器笺》卷十九中说:"曲录,盖刻木屈曲貌。今交椅制曲录然,故异名曲录木,遂省木,单称曲录也。"(《佛光大藏经·禅藏·禅林象器笺三》,第1539页)。曲录,其实指的就是交椅、圆椅等椅子。
⑧ 作么生:驹泽本"作周向"为"作么生",检索词典和藏经,没发现"作周向"的用法,"作么生"较普遍,故改之。

识病。'大唐天子只三人'这一句,乃周朴①诗,雪窦穿作一串,拈大慈拈诸方。只这雪窦也有些子点胸,且道什么处是他长处,如是不肯天下人?这个老汉有衲僧拄杖子,又有金刚眼睛②,也有七事随身③。若是不得底人,布袋里老鸦,虽活如死;得底人如虎插翅戴角相似,自然不受人罗笼④。周朴《赠大沩》诗云:'禅是大沩⑤诗是朴,大唐天子只三人。'"

---

① 周朴:(?~878),唐代诗人,字太素,一说字太朴。唐末迁居福州,寄食乌石山僧寺。淡泊名利,高傲纵逸,隐居山林之中,常与钓叟、山僧相往还,与方干、李频、贯休为诗友。有诗《赠大沩和尚》:"大沩清复深,万象影沉沉。有客衣多毳,空门偈胜金。王侯皆作礼,陆子只来吟。我问师心处,师言无处心。"
② 金刚眼睛:指禅悟者的智慧眼、法眼。
③ 七事随身:指僧人随身携带的七件物事。《佛祖统纪》卷十一里讲法师仲元时提到:"师止携三衣、一钵、香合、拂子、尼师坛、纸被、浴具,世称为七事随身。"(《大正藏》第49册,第212页中。)
④ 罗笼:控制,束缚。
⑤ 大沩:此处指沩山灵祐禅师(771~853),唐代禅宗僧人,曾在今湖南宁乡的大沩山传法,沩仰宗创始人之一。

第四十则　黄檗闭门

举赵州到①黄檗②。两个老贼。檗见来便闭却方丈门，孟尝门下。州云："救火！救火！"果然不谬③为朱履客④。檗便出擒住云："道！道！"两重公案。州云："贼过后张弓。"遭这汉手脚。雪窦拈云："直是好笑，旁人有眼。笑须三十年。为什么如此？忽有人问雪窦笑个什么，更问作什么？笑'贼过后张弓'。打云：'也未放过。'"

师云："赵州到黄檗，檗便闭却方丈门，一似电光石火相似。若是懵懂禅和⑤，见人才闭却门，却必无奈何。看他赵州与黄檗，二俱作家，神通游戏，妙用自在。赵州却云：'救火！救火！'这老贼！黄檗当时便打两掌，他也不奈何。什么处是贼过后张弓

---

① 到：《卍新纂续藏经》本原为"州"，《明觉禅师语录》卷三"拈古"中为"赵州到黄檗"（《大正藏》第47册，第687页上），驹泽本也作"赵州到黄檗"，故改之。
② 黄檗：即黄檗希运禅师（？～约850）。唐代禅僧，闽人。少年时于洪州高安黄檗山出家，出家前曾游天台、长安，受南阳慧忠启示，往百丈山参怀海为师，得传心印。住黄檗山后，世称"黄檗希运"。主张"心即是佛""心即是法"，以"其言简、其理真、其道峻、其行孤"的禅风传于世。弟子有义玄、道踪、楚南等人。卒谥断际禅师。裴休辑有《黄檗山断际禅师传心法要》《宛陵录》各一卷。（《禅宗大词典》）。
③ 不谬：即无愧，不愧。
④ 朱履客："朱"通"珠"，即珠履客。珠履就是缀珠的鞋子，典出《史记·春申君列传》："春申君客三千人，其上客皆蹑珠履以见赵使，赵使大惭。"朱履客就是上客，受赏识尊崇的门客。此处赞扬赵州和尚禅机高明，可为黄檗禅师之上客。
⑤ 禅和：是对禅僧的称呼。

处？惹得雪窦道：'直是好笑，笑须三十年。'雪窦笑不是好心，笑中有刀。"

第四十一则　镜清方便

　　举僧问镜清："学人未达其源，乞师方便。"放下着。清云："是什么源？"拶！僧云："其源。"着！清云："若是其源，争受方便？"却将恶水蓦头①浇。雪窦云："死水里浸却，有什么用处？"怎么生是活水里底？侍者问清："适来是成褫②伊？"清云："无。"铁弹子好个消息。侍③者云："是不成褫伊？"清云："无。"金刚圈子也好消息。侍者云："和尚尊意如何？"清云："一点水墨，两处成龙。"终是打葛藤。雪窦云："犹较些子。同坑无异土。雪窦不是减镜清威光，有什么威光？要与这僧相见。还识这僧么？'是什么源？''其源。'三十年后与你三十棒。打云：'如今须吃。'"

　　师云："镜清一十七岁行脚，参见雪峰。峰问：'什么处人？'清云：'温州人。'峰云：'却与一宿觉④同乡人。'清云：'且道一宿觉是什么处人？'雪峰笑乃器之。只如这僧问镜清：'学人未达其源，乞师方便。'清云：'是什么源？'僧云：'其源。'清

---

① 蓦头：正对着头。蓦，正对着。
② 成褫：同"成持"，帮助，使某人某事成功。
③ 侍：《卍新纂续藏经》本中没有"侍"字，《大正藏》本《明觉禅师语录》中为"侍者"。为使语义明确，加一"侍"字。
④ 一宿觉：指永嘉玄觉禅师。

云：'若是其源，争受方便？'且道镜清是有指示无指示？还会他道'一点水墨，两处成龙'么？不可也教山僧和泥合水去也。一日有僧请益次，清揖坐。僧云：'礼拜了后有少事。'僧礼拜了，清问云：'有甚么事？'僧云：'不落四威仪，请师道。'清云：'更礼三拜。'僧至明日上问：'某甲过在什么处？'清云：'语不离窠臼，焉能出盖缠。片云生晚谷，迷却几人源。'雪窦云：'不是减镜清威光，要与这僧相见。'雪窦寻常末后爱品弄，所以道'三十年后与你三十棒'。诸人无事，也试去参详，看落着处如何。"

第四十二则　香林衲衣

举僧问香林①："如何是衲衣下事②？"阇黎还曾行脚么？林云："腊月火烧山。"千重百匝，滴水滴冻。雪窦拈云："腊月烧山，万种千般。相随来也。翘松鹤冷，左眼半斤。踏雪人寒。右眼八两。达磨不会，犹较些子。大难大难。有什么难？"

师云："僧问：'如何是衲衣下事？'香林道：'腊月火烧山。'云门道：'腊月二十五，看看腊月尽。'香林子承父业，何故如此，只为他家有本分事在。若是灵利汉，向举处便会，多少直截，所以道'大丈夫，秉慧剑，般若锋兮金刚焰'，又道'譬如掷剑挥空，莫论及与不及'。若是个本色衲僧，那里取别人口头辨来。古人③道：'我爱韶阳④新定机，一生与人拔钉楔。'雪窦具眼便道：'腊月烧山，万种千般。'雪窦向藕丝孔里包含大千沙

---

① 香林：即香林澄远禅师，五代云门宗僧人。《佛祖纲目》卷三十四中记有："澄远，绵竹上官氏子，与鹅湖、镜清同时。先参湖南报慈，后方至文偃会下作侍者……后住青城香林……住青城香林四十年。雍熙四年（987）二月，将入灭时，远年八十。"（《卍新纂续藏经》第85册，第685页上。）
② 衲衣下事：指明悟心地、超脱生死的禅家大事。
③ 古人：此处指雪窦重显禅师。《佛果圆悟禅师碧岩录》卷一："云门寻常接人多用睦州手段，只是难为凑泊，有抽钉拔楔底钳锤。雪窦道：'我爱韶阳新定机，一生与人抽钉拔楔。'"（《大正藏》第48册，第145页下。）
④ 韶阳：代指云门文偃禅师，文偃禅师曾住持韶阳云门山。

界，故云'我为法王，于法自在'。'翘松鹤冷，踏雪人寒'，恐人便向言句里作活计，转生情解，末后盖覆将来，却云'达磨不会，大难大难'。诸人还会么？且参三十年，悟去也不定。"

第四十三则　本仁示众

举本仁①示众云："寻常不欲向声前句后，鼓弄人家男女，也打葛藤不少。何故？且声不是声，犹较些子。色不是色。两重公案。"时有僧问："如何是声不是声？"只恐跳不出。仁云："唤作色得么？"果然。僧云："如何是色不是色？"仁云："唤作声得么？"又恁么去也。僧礼拜。果然。仁云："且道为汝说，答汝话，若向这里辨得，许汝有个入处。"什处得这一落索来？雪窦拈云："本仁也甚奇怪，见什么？要且贪观天上月，也是乱指注。既非声前句后，且作么生入？从这里入。"

师云："本仁高安人，嗣洞山价。大沩秀②拈云：'本仁只知横千不知竖万。如何是声不是声，莫逐音响；如何是色不是色，莫逐青黄。且他问声前句后觅个安身处，自然别有生涯。'雪窦意如此，大凡垂示，不须这諵讹处，方钓得他这僧出来。争奈本仁是作家宗师，能据虎头收虎尾，直得壁立千仞。这僧出来也不妨奇特，虽然如是，也须照顾始得。"

---

① 本仁：即白水本仁禅师，唐朝禅僧，洞山良价禅师法嗣。
② 大沩秀：即潭州大沩怀秀禅师，生卒年不详，信州人，俗姓应氏，北宋禅僧，黄龙慧南禅师法嗣。

第四十四则　国师三唤

举国师①三唤侍者，也是热发②。雪窦著语云："点即不到。"着！侍者三应，也是草里出头来。雪窦著语云："到即不点。"过！将谓③吾辜负汝，谁知汝辜负吾，这老汉作怎么去就？雪窦著语云："瞒雪窦不得。"也被瞒了也。云门道："作么生是国师辜负侍者处？老老大大④，面皮厚三寸。会得也是无端⑤。因什么随他脚跟转？"雪窦云："元来不会。"咄！门又云："作么生是侍者辜负国师处？承当得也未。粉骨碎身未报得。辜恩负德作什么？"雪窦云："无端！无端！"自领出头。

---

① 国师：即南阳慧忠国师。
② 热发：指发热。
③ 将谓：《卍新纂续藏经》本作"将为"，《明觉禅师语录》"拈古"一卷中作"将谓"，《五灯会元》卷二作"将谓"，故改之。
④ 老老大大：是对年老者的讥刺语，隐含偌大年纪犹不明悟之义。
⑤ 无端：即无意、无心。

第四十五则　投子抑逼

复举僧问投子："国师三唤侍者意指如何？"投子云："抑逼①人作么？"乱叫唤。雪窦云："踔跟②汉。"也是鬼窟里做活计③。僧问兴化④，化云："一盲引众盲。"以己方人⑤。雪窦云："端的瞎。"两个也得。僧问玄沙，沙云："侍者却会。"烂泥里有刺。雪窦云："停囚长智⑥。"捉贼。僧问赵州，州云："如人暗中书字，字虽不成，文彩已彰。"老贼！雪窦便喝。放过即不可。僧问雪窦，雪窦便打。也是贼过后张弓。也要诸方点捡，放你不得。乃成颂云："师资会遇意非轻，辊芥投针⑦。无事相将草里行。也是无端。负汝负吾人莫问，天下人跳不出。任从天下竞头争。阿喇喇⑧闹聒聒⑨。"

师云："诸人各各自有个国师，各各自有个侍者，无事请辨

---

① 抑逼：即强迫、强逼。
② 踔跟：同"踔根""揉根""墮根"。意谓定止、陷埋于虚妄境界，执着、拘泥于言解分别。按"垛跟"的作法为禅家所批评，故亦常用作呵斥之词。
③ 鬼窟里做活计：又作"鬼趣里作活计""鬼家活计"等，指陷于意想知解，俗情妄念。
④ 兴化：即兴化存奖禅师。
⑤ 方人：指评论他人的短长。
⑥ 停囚长智：做事时不要匆忙去做，先停下来思考一下，便能增长智谋、生出智慧来。囚，"留"字的音讹。"囚"与"留"叠韵，音近，故而在口语流传中易混淆。
⑦ 辊芥投针："辊"通"滚"，即滚芥投针。滚动芥菜籽投进针鼻孔里，比喻极为困难。
⑧ 喇喇：象声词。
⑨ 闹聒聒：吵闹的样子。

看。法眼云:'且去别时来。'雪窦云:'瞒我不得。'玄觉征云:'什处是侍者会处?'僧云:'若不会,争解怎么应?'觉云:'你欠会在。'又云:'于此见得,便见玄沙。'翠岩芝①云:'国师侍者总欠悟在,而今作么生会?'"

---

① 翠岩芝:即翠岩守芝禅师,又叫大愚守芝,宋代禅僧,是临济宗汾阳善昭禅师法嗣。《禅林僧宝传》卷十六《翠岩芝禅师》:"禅师名守芝,太原王氏子也。少弃家,依潞州承天寺,试《法华经》,得度为大僧,讲《金刚般若经》,名满三河,学者追崇之。时昭禅师出世汾水,芝疑之,往观焉。投诚入室,特受印可。南游,住高安……密谏李公守南昌,请住西山翠岩……嘉祐之初,示寂,塔于西山。"(《卍新纂续藏经》第 79 册,第 525 页上~526 页上。)

第四十六则　云门示众

举云门示众："老胡生下时，一手指天，一手指地，目顾四方，周行七步，白浪滔天。云：'天上天下唯我独尊。'讨什么屎臭气。当时若见，一棒打杀与狗子吃，也是贼过张弓。贵图天下太平。"干戈竞起。雪窦拈云："便与掀倒禅床。"也是第二机。

师云："云门大师，但发一言半句，惊天动地。雪窦是他家屋里儿孙，知有恁么事。诸公合作个什么伎俩，见得雪窦去？"

第四十七则　智门草鞋

举僧问智门①："如何是佛？"却问着个干屎橛。门云："踏破草鞋赤脚走。"一等是拖泥带水。僧云："如何是佛向上事？"元来有向上向下。门云："拄杖头上挑日月。"摩醯首罗②。雪窦拈云："千兵易得，一将难求。"子不谈父德。

师云："雪窦拈古，着着有出身之路，纵横自在，不向死水里浸却。是他有这般手段，不顾危亡，便怎么拈弄。何故？为是他识得智门根源，所以怎么拈出，教人不要作情解。今之参学兄弟，只管去记持言句，有什么交涉。你不看这僧问处，智门答处如何，切须仔细着些子工夫③，参来参去，决定见得。"

---

① 智门：即智门光祚禅师，生卒年不详，北宋云门宗僧人，香林澄远法嗣，弟子有雪窦重显等。
② 摩醯首罗：又称自在天，有三只眼，其中竖立于额门上的第三只眼有神奇的视力，喻指法眼。
③ 着些子工夫：加一些，下一些功夫。着，加，添。

第四十八则　雪峰五棒

举僧礼拜雪峰，峰打五棒。是则是，不惜眉毛太煞。僧云："某甲有什么过？"这汉皮下还有血么？峰又打五棒。前箭虽轻后箭深。雪窦拈云："雪窦不曾与人打葛藤，犹在。前五棒日照天临，后五棒云腾致雨。定龙蛇，别缁素，不无雪窦拄杖子，还将得来也未。你若辨得，也好与五棒。打云：'果然！'"

师云："你诸人还会么？因什么不打四棒，不打六棒？僧后参岩头[①]，头打五掌，且道与五棒是同是别？一等是放行，不妨奇特用得好，如人善射，箭箭中的。前五棒日照天临，万象不能逃影；后五棒云腾致雨，这僧觅过，雪峰又打，且道是云是雨？雪窦要与人抽钉拔楔。大沩秀云：'这僧脑门着地，过犯弥天，雪峰轻恕，犹自不知罪名，再犯不容。更道日照天临，云腾致雨，惑乱后学，可谓"曾被雪霜苦，杨花落也惊"。'"

---

① 岩头：即岩头全奯禅师。

第四十九则　径山一点

举马大师①令智藏②持书上径山③。书中不知有什消息？山接书开见一圆相，道什么？于中下一点。也把不住。国师闻举云："钦师犹被马师惑。"是精识精，是贼识贼。雪窦云："径山被惑且置，若将呈似国师，别作个什么伎俩，免被惑去？拄杖子未折在，尽大地人总须吃棒。有老宿云：'当时坐却④便休。'也是将南作北。亦有道：'但与划破。'转见勿交涉。若与么只是不识羞。一切人笑你。敢谓天下老师，各具金刚眼睛，广作神通变化，还免得么？也是后无老宿。雪窦见处，也要诸人共知。看他雪窦败阙。只这马师当时画出，早是自惑乱了也。只如雪窦怎么分疏，还免得惑也未。"

---

① 马大师：即马祖道一。
② 智藏：即西堂智藏，马祖道一弟子。
③ 径山：指径山道钦禅师，又叫法钦，牛头宗玄素门下。《五灯会元》卷二《鹤林素禅师法嗣》："杭州径山道钦禅师者，苏州昆山人也。姓朱氏。初服膺儒教，年二十八，遇素禅师，谓之曰：'观子神气温粹，真法宝也。'师感悟，因求为弟子。素躬与落发，乃戒之曰：'汝乘流而行，逢径即止。'师遂南迈，抵临安，见东北一山，因问樵者。樵曰：'此径山也。'乃驻锡焉……唐大历三年，代宗诏至阙下，亲加瞻礼。一日，同忠国师在内庭坐次，见帝驾来，师起立。帝曰：'师何以起？'师曰：'檀越何得向四威仪中见贫道。'帝悦，谓国师曰：'欲锡钦师一名。'国师欣然奉诏，乃赐号国一焉。后辞归本山。于贞元八年十二月示疾，说法而逝。谥大觉禅师。"（《五灯会元》，第68～69页。）
④ 坐却：即截断，截除。

师云:"钓鳌时下一桊圈①。保福②云:'什么处是惑处?怎么生得不惑去?'五祖戒③云:'两彩一赛。'又云:'三人指路拟何为?'大沩喆云:'还识马师径山么?一点水墨,两处成龙。'国师云:'钦师犹被马师惑。'可谓千里同风。不见道,手执夜明符,几个知天晓。又有云:'画圆相本无事,不合下一点。不然作禅会,唤作大圆镜智。'人人尽是狂见不识羞。十四祖龙树尊者,于法座上隐身现圆相,提婆④云:'此是我师现圆相义。'昔日国师,有一百二十种圆相,传与耽源⑤,源后与仰山⑥,山烧却。源云:'般若多罗⑦谶云:小小沙弥有大机。'沩仰宗以境智,只这圆相又过如举拂子、竖指、行棒、行喝。雪窦怎么拈,可见古人意。"

---

① 桊圈:牛鼻圈。桊,牛鼻环或牛鼻棍,做牵引之用。圈,圆的意思。
② 保福:即保福从展禅师。
③ 五祖戒:又名五祖戒公、五祖师戒禅师,宋代禅僧,住于蕲州五祖山。《五灯会元》载其嗣双泉宽禅师,而双泉宽嗣云门文偃禅师。五祖戒有法嗣四十人,知名者如洞山自宝、泐潭怀澄等。
④ 提婆:指迦那提婆,为古印度大乘佛教中观学派创始人之一,龙树弟子。
⑤ 耽源:即耽源应真禅师,师事南阳慧忠国师,传法于仰山慧寂禅师。《祖堂集》卷四:"耽源和尚嗣忠国师,先是马大师门人也。师入京为国师侍者。后再见马大师,于大师前旋行一匝作圆相,然后于中心礼拜。大师曰:'你欲作佛也?'对曰:'某甲不解捏目。'大师曰:'吾不如汝。'百丈在沩潭推车次,师问:'车在这里,牛在什摩处?'百丈以手斫额,师以手拭目。"(第205~206页。)
⑥ 仰山:即仰山慧寂禅师。
⑦ 般若多罗:即禅宗西天第二十七祖,菩提达摩的师傅,印度僧人。

第五十则　睦州担板

举睦州唤僧："大德。"僧回首。两个瞎汉！州云："担板汉。"汝与他同参。雪窦拈云："睦州只具一只眼,莫谤睦州好。何故？这僧唤既回首,因什却成担板汉。"正是担板。

师云："且道睦州落在什么处？这僧落在什么处？僧问：'以字不成,八字不是①。是何章句？'州弹指一声云：'会么？'僧云：'不会。'州云：'上来讲赞②,无限良因,虾蟆跳上梵天,蚯蚓蓦过③东海。'有新到僧来方礼拜,州叱之：'阇黎因何偷我常住果子？'僧云：'学人才到,和尚因何却道偷常住果子？'州云：'赃物现在。'且道作么生是这僧担板处？直是难参,雪窦分明与你拈了也。"

---

① 以字不成,八字不是：同"以字不成八字非",禅林用语。以字,指写在护符上端之'ㄣㄨ'字,系悉昙字𑖀（i,伊）字之变形,然若以中文字观之,则既非"以"字,亦非"八"字。禅林乃据此转指以任何方式皆难以表达其本来面目之情形。

② 讲赞：即俗讲和梵赞。俗讲,唐代流行的由僧徒向世俗大众通俗讲解佛经经文（或其他通俗故事）的一种讲唱形式。梵赞,指于讲经、受戒、斋忏、课诵等佛教仪式中举唱的赞偈,谓可止息内心外缘之喧乱。

③ 蓦过：即越过。

第五十一则　巴陵示众

　　举巴陵①示众云："祖师②道：'不是风动，不是幡动。'干戈竞起。既不是风幡，向什么处着？眉毛眼睫上。有人与祖师作主，出来与巴陵相见。"者老贼寐语③作么？雪窦道："风动幡动，也是干戈。既是风幡，向什么处着？已在言前。有人与巴陵作主，亦出来与雪窦相见。这老贼亦寐语。"

　　师云："这个是拈古格则，师复举卢能④初见五祖事，后到四会县，被猎人擒去，守网四个月。又引二上座议风幡话，印宗问云，忽然大悟。雪峰云：'大小祖师，龙头蛇尾，好与三十棒。'太原孚侍立咬齿，峰云：'老僧与么道，合吃三十棒。'保福云：'作贼人心虚，萧何致律⑤。'五祖戒云：'着什来由？'又云：'不合道末后语。'只为个心之一字，错认光影。"

---

① 巴陵：即巴陵颢鉴禅师。
② 祖师：指六祖慧能禅师。
③ 寐语：即梦寐瘫妄之语。
④ 卢能：六祖慧能俗姓卢，故又称卢能。
⑤ 萧何致律：又作"萧何制律"，萧何曾根据秦律制定了汉律，而曹参当丞相之后又遵循萧何所制定的律法。用在此处，是指祖师所说言教为后学所因袭。

第五十二则　则川摘茶

举则川①与庞居士摘茶次，士云："法界不容身，师还见我么。"漏逗汉②！有什么难见处？川云："若不是老僧，洎与庞公答话？"是则是，忒然不近人情。士云："有问有答，盖是寻常。"劈口便掌。川不管，也是不近人情。士云："适来莫怪相借问么？"好与一掌。川亦不管，也是不近人情。士喝云："这无礼仪汉，待我一一举似明眼人去在。"引得狼来屋里痾。川拈茶篮便归。赖有末后句，若无末后句，谁敢唤作则川。雪窦云："则川只解把定疆封，不能同生同死。雪窦也是据款③结案。当时好与捽下幞头④，谁敢唤作庞居士？未免旁观者哂。"

师云："虽然只是打净洁球子⑤，也打得好。末后为什么却不答他话？作家相见有始有终。有者道：'洎与庞公答话，被公作乱一上。识法者惧，则川所以如此。'雪窦道：'只解把定疆封。'

---

① 则川：即则川和尚，蜀人，是马祖道一的法嗣。
② 漏逗汉：指泄露，泄漏。禅录所用常指泄露禅法玄旨，按禅旨虽不可言说，然高手宗师本分示人，自可直指心地。
③ 款：《卍新纂续藏经》本为"欸"，当作"款"，指依人问端，就事论事，做个决断。
④ 幞头：又名"四脚""折上巾"。本是男子包头用的一种软巾，后逐渐演变成一种帽子。
⑤ 打净洁球子：指事理机锋一时坐断。

且莫向雪窦句下错会,你且道则川是答他话,不答他话?若会得去,拍拍都是令。或有向你道:'作么生是则川?把定疆封处作么生对他?'虽然恁么拈,不许恁么会,殊不知'当机觌面提,觌面当机疾①'。"

---

① 当机觌面提,觌面当机疾:《五灯会元》卷三《浮杯和尚》有"(赵)州作偈曰:'当机觌面提,觌面当机疾。报汝凌行婆,哭声何得失。'"(第185页。)

第五十三则　云门裂破

举僧问云门："一言道尽时如何？"道什么？门云："裂破。"南瞻部洲，北俱卢洲。雪窦弹指三下。也是随语生解。

师云："挑囊负钵，拨草瞻风，到一方一所，见有本分正眼宗师，放下复子①，便与他老汉锥劄②，看是如何，可住不可住。这僧致个问端，向一言道尽处问他云门，这老汉不忙，向道'裂破'。奇特云门，有如此机锋，亦要这僧不向情解上见，故如此答。后来雪窦恁么，也不是好心。"

---

① 复子：即包袱、行李袋。
② 锥劄：禅师锻炼学僧，使其开悟见性。锥，用锥刺。劄，通"札"，刺的意思。

第五十四则　睦州钵囊

举僧问睦州："一言道尽时如何？"两重公案。州云："老僧在你钵囊①里。"放憨作么？雪窦呵呵大笑。犹较些子。

师云："睦州寻常机如掣电，有衲僧巴鼻。这僧如此问，睦州如此答。且道与云门答处是同是别？若道是别，佛法有两般；若道是同，为什么问处则一，答处两般。须是透到无疑处方见彻。修心未到无心地，万种千般逐水流。雪窦呵呵大笑，是什么道理？试辨看。"

---

① 钵囊：亦称"钵袋"，佛教用具，盛钵的袋子，有襻带挂于肩上。

第五十五则　雪峰三下

举僧问雪峰："声闻人见性，如夜见月；菩萨人见性，如昼见日。未审和尚见性如何？"三段不同。峰打三下。斩钉截铁。其僧复问岩头，头打三掌。同途不同辙。雪窦云："应病设药，且打三下。说得道理。若据令而行，合吃多少？打云：'只打一掌。'"

师云："寻常闻人说无迷无悟，只是建立无中唱有，且喜勿交涉。据实见处，昼见日，夜见月，未必为奇特。三下三掌，若唤作棒，有什么交涉？为什么只打三下？雪窦道：'据令而行，合打多少？'放过一着。"

第五十六则　南泉出世

举南泉①山下有一庵主。行僧经过，谓庵主云："近日南泉和尚出世②，何不去礼拜？"与别人说即得，与庵主说则祸生。主云："非但南泉，直饶千佛出世，亦不能去。"果然！泉闻，令赵州去看。也须是这老贼始得。州见便礼拜，直得风行草偃。主不管；没奈何。州从西过东，鸟飞毛落，鱼行水浊。主亦不管；雪上加霜。州又从东过西，只得怎么。主亦不管。三重公案。州云："草贼大败！"拽下帘子便行。只得怎么。归举似南泉。泉云："我从来疑着这汉。"两个一状领过。雪窦拈云："大小南泉赵州，被个担板汉勘破了也。"扶强不扶弱。

师云："庵主虽然怎么，且只会打净洁球子，不如南泉赵州，有为人底钳锤③。古人出一则语，须是头尾相覆，他一向不管。且道得个什么道理便怎么，也须是脚踏实地，到那无事处，方始怎么。赵州见便礼拜，末后云'草贼大败'，拽下帘子便行，且道勘得他么？若勘不得，南泉赵州皆古佛间生④，他眼在什么处？

---

① 南泉：即南泉普愿禅师。
② 出世：指出任寺院住持。
③ 钳锤：铁钳和铁锤，本系铁匠工具，喻指禅师启发接引学人的施设。
④ 间生：指隔世而生。

泉云：'从来疑着这汉。'怎么道是许他，是不许他？须是顶门具眼①，肘后有符②，方知落处。雪窦拈云：'大小南泉赵州，被个担板汉勘破。'你且道他作么生是担板处？试着眼看。"

---

① 顶门具眼：佛教神话中的摩醯首罗天神有三只眼，其中额头上竖着的一只眼称顶门眼，具有神奇的视力。指禅悟者观察事理特有的智慧眼光。
② 肘后有符：即肘后符、肘后方。晋葛洪学道术，传说其最后尸解成仙，有医书《肘后要急方》传世。后世以"肘后方"喻指仙方，也用以泛指医方。这里指能救学人禅病的智慧识见。

第五十七则　钦山恁么

举岩头、雪峰、钦山①到德山，钦山问："天皇②也恁么道，龙潭③也恁么道,浑仑吞个枣。未审和尚作么生道？险！"德山云："你试举天皇龙潭底看。"捞着这尿床鬼子④。钦山拟议,驾与青龙不解骑。山便打。本合是钦山吃。钦山被打，归延寿堂⑤,也则令行一半,直教气息一点也无始得。云："是则是，打我太煞。"贼过后张弓。岩头云："汝恁么，他后不得道见德山来。"肘臂不向外。雪窦云："诸禅德，钦山致个问端不妨奇特，争奈龙头蛇尾。知他几时向鬼窟里作

---

① 钦山：即钦山文邃禅师，同"文遂"，五代禅僧，法嗣于洞山良价。
② 天皇：当为荆州天皇寺道悟禅师。《五灯会元》卷七："荆州天皇道悟禅师，婺州东阳张氏子。神仪挺异，幼而生知。年十四，恳求出家，父母不听。遂损减饮膳，日才一食，形体羸悴，父母不得已而许之。依明州大德披削。二十五诣杭州竹林寺具戒……一日，游余杭，首诣径山国一受心法，服勤五载。后参马祖，重印前解，法无异说，依止二夏。乃谒石头而致问……师从此顿悟。馨殚前二哲匠言下有所得心。后卜荆州当阳紫陵山，学徒驾肩接迹，都人士女，向风而至。时崇业寺上首以状闻于连师，迎入城。郡之左有天皇寺，乃名蓝也，因火而废。主僧灵鉴将谋修复，乃曰：'苟得悟禅师为化主，必能福我。'乃中宵潜往哀请，肩舁而至。时江陵尹右仆射裴公稽首问法，致礼勤至。师素不迎送，客无贵贱，皆坐而揖之。裴公愈加归向。由是石头法道盛矣……元和丁亥四月示疾，命弟子先期告终，至晦日大众问疾，师蓦召典座，座近前，师曰：'会么？'曰：'不会。'师拈枕子抛于地上，即便告寂。寿六十，腊三十五。以其年八月五日，塔于郡东。"（第368~340页。）
③ 龙潭：即龙潭崇信禅师。
④ 尿床鬼子：是对言行可笑者的斥骂语。
⑤ 延寿堂：又名"涅槃堂"，寺院中安置生病僧人的地方。

活计来。你试举天皇龙潭底看，坐具便搣①。停囚长智。大丈夫汉，捋虎须也是本分。不用说道理。他既不能，德山令行一半，果然！令若尽行，雪峰、岩头总是涅槃堂里汉。打云：阇黎也须入涅槃堂始得。"

师云："岩头担锄头行脚，到处只做园头②；雪峰担笊篱木杓行脚，到处作典座③；钦山将熨斗剪刀针线行脚，到处与人做衣。到个所住处，三人互为宾主，作小参，举公案。钦山承当不得，后来却到洞山契证，法嗣洞山。举三人参德山话，钦山致个问头也好，被德山一拶，直得忘前失后，德山便打，为他未彻在，灼然是承当不得。钦山既是落节④，后人已知德山大开门户，去这里胡答乱答，总被生机一拶。诸人又作么生？钦山归寮云：'是即是，打我太煞。'岩头云：'汝恁么，他后不得道见德山来。'雪峰岩头欲识拽过教乘，这汉依前担板，岩头若不是蕴藉将来，争解恁么道。大凡拈公案，须是见得破公案，识得缝罅。雪窦解把定放行，回转拈得，不妨有通变处。翠岩芝云：'钦山只顾其前，不顾其后，如今作么生与钦山出一口气？'大沩喆云：'德山门下草偃风行，大沩即不然，待问未审和尚作么生，拈棒劈脊便打。'且道德山是，沩山是？会么？横按镆铘全正令，太平寰宇斩痴顽。"

---

① 搣：是抽、提、揪、扯、拉的意思。
② 园头：指寺院中管理菜园等农务的职事僧。
③ 典座：指寺院中管理大众斋粥之事的僧人。
④ 落节：即吃亏，指在言句作略上受挫。

第五十八则　玄沙问僧

举玄沙问僧："近离什么处？"也要知他来处。僧云："瑞岩①。"这僧往往举瑞岩话去也。沙云："瑞岩有何言句？"第二杓。僧云："长唤主人公，还识羞么？自云喏，弄泥团汉。惺惺②着，他后莫受人瞒。"自瞒了也不知。沙云："一等是弄精魂③，也甚奇特。"若不别识，争辨真伪？却云："何不且在彼中？"事生也。僧云："瑞岩迁化了也。"死而不吊。沙云："如今还唤得应么？"作什么？僧无对。打云："由在④。"雪窦云："苍天！苍天！"好一坑埋却。

师云："且道古人三十四年唤作什么？无人识得他，却唤作弄精魂，有云'昭昭灵灵'，建立且喜勿交涉。会则途中受用，不会则世谛流布，唯有玄沙、风穴⑤会得好。穴云：'自拈自弄有

---

① 瑞岩：即瑞岩师彦禅师，五代禅僧，嗣岩头全豁禅师。《五灯会元》卷七："台州瑞岩师彦禅师，闽之许氏子。自幼披缁，秉戒无缺。初礼岩头……后谒夹山……师寻居丹丘瑞岩，坐磐石，终日如愚。每自唤主人公，复应诺，乃曰：'惺惺着，他后莫受人谩。'……师统众严整，江表称之……师之异迹颇多，兹不繁录。迨后塔于本山，谥空照禅师。"（第387~388页。）
② 惺惺：清醒。
③ 弄精魂：弄玄虚，虚妄施为。弄精魂常指禅家示机应机之作略，因多系接人之方便法门，非真实大法，故用例多含贬义。
④ 由在：即由便、任凭、听凭。
⑤ 风穴：即风穴延沼禅师。

什么难?'玄沙云:'甚奇特!'既是弄精魂,为什么却有奇特?'如今还唤得应么?'这一句奇特,这里着得一只眼,亲见瑞岩,所以雪窦云:'苍天!苍天!'"

第五十九则　长庆羚羊

举僧问长庆①："羚羊未挂角时如何？"阇黎乱走作什么？庆云："草里汉。"果然！僧云："挂角后如何？"你还识得渠么？庆云："乱叫唤。"草绳自缚。僧云："毕竟如何？"苍天！苍天！庆云："驴事未了，马事到来。"拈一放一。雪窦云："宁可碎身如微尘，终不瞎个众生眼，错下名言。长庆较些些子。未梦见在。有般汉，设使羚羊未挂角，也似万里望乡关。正说着阇黎。"

师云："长庆自悔话后悟云：'苦哉！苦哉！疑我十五年。'后因卷帘悟道，有言云：'我有一棒到你，你也须知来处始得。'举云居六六三十六②，赵州九九八十一，长庆胜如赵州云居底。雪窦道：'宁可碎身如微尘，终不瞎个众生眼，长庆较些些子。'意在提向上事，长庆是个中人。"

---

① 长庆：即长庆慧棱禅师。
② 六六三十六：见于《五灯会元》卷十三《云居道膺禅师》："僧问：'羚羊挂角时如何？'师曰：'六六三十六。'曰：'挂角后如何？'师曰：'六六三十六。'僧礼拜。师曰：'会么？'曰：'不会。'师曰：'不见道无踪迹。'其僧举似赵州，州曰：'云居师兄犹在。'僧便问：'羚羊挂角时如何？'州曰：'九九八十一。'曰：'挂角后如何？'州曰：'九九八十一。'曰：'得怎么难会？'州曰：'有甚么难会？'曰：'请和尚指示。'州曰：'新罗！新罗！'又问长庆：'羚羊挂角时如何？'庆曰：'草里汉。'曰：'挂后如何？'庆曰：'乱叫唤。'曰：'毕竟如何？'庆曰：'驴事未去，马事到来。'"（第796页。）

第六十则　圆明示众

举德山圆明①示众云："但有问答，只竖一指头，依样画猫儿。寒则普天普地寒。"苍天！苍天！雪窦云："什么处见俱胝老②？瞎！热则普天普地热。更添怨苦。"雪窦云："莫错认定盘星。也有些子。森罗万象，彻下孤危，大地山河，通上险绝，无转身处。什么处得一指头禅？打云：'在这里。'"

师云："德山第九代圆明禅师，有时上堂举一则语，可谓惊群。一日上堂云：'三千里外，且喜勿交涉，以拄杖一时趁下。'诸公看他示众，如金如玉相似，此一则公案亦好，雪窦见便要穿圆明鼻孔。末后句，可谓得大自在。"

---

① 德山圆明：即鼎州德山缘密圆明禅师，云门文偃法嗣，《五灯会元》卷十五载有其语录。
② 俱胝老：即婺州金华山俱胝禅师，唐代禅僧，天龙和尚法嗣。《景德传灯录》卷十一《金华俱胝传》："果旬日天龙和尚到庵，师乃迎礼，具陈前事。天龙竖一指而示之，师当下大悟。由是常竖一指对学者参问，不别为提唱。有一童子于外被人诘曰：'和尚说何法要？'童子竖起指头。归而举似师，师以刀断其指头。童子叫唤走出，师召一声，童子回首。师却竖起指头，童子豁然领解。师将顺世，当欲示寂，曰：'吾得天龙一指头禅，一生用不尽。'"（《大正藏》第51册，第288页上。）

第六十一则　南院诸圣

举僧问南院①："从上诸圣向什么处去？"入地狱去。院云："不上天堂，即入地狱。"分得一半。僧云："和尚作么生？"好与三十棒！院云："还知宝应老②落处么？"放过这汉。僧拟议，院以拂子蓦口打。向道当断不断，反招其乱。复唤僧近前云："令合是汝行。"又打一拂子。却不瞒人。雪窦云："令既自行，且拂子不知来处。莫道不知来处好。雪窦道个瞎，且要雪上加霜。须然锦上铺花，争奈灵龟曳尾。"

师云："'还知宝应老落处么？'古人向虎口里横身，为人第一机里，将金刚王宝剑斩断了也，争奈不会。当时这里着得一只眼，不妨奇特。雪窦云令合是这僧行，争奈拂子在和尚手里，当时唤回打一拂子，随手打云：'瞎！'"

---

① 南院：即汝州宝应南院慧颙禅师，河北人，师系兴化存奖禅师，临济宗第三世，传法于风穴延沼禅师。
② 宝应老：即汝州宝应南院慧颙禅师。

第六十二则　雪峰相见

举雪峰示众："望州亭与你相见了也，隔！乌石岭与你相见了也，隔！僧堂前与你相见了也。隔！"保福问鹅湖①："僧堂前相见且置，望州亭、乌石岭什么处相见？"也要验过。鹅湖骤步归方丈，保福便入僧堂。红霞穿碧海，白日绕须弥。虽然如是，也是灵龟曳尾，何不与么去？雪窦云："二老宿是即是，只知雪峰放行，不知雪峰把定。若是雪峰把定，雪窦也无出气处。"忽有个衲僧出："未审雪窦作么生？竿头有意。岂不是别机宜识休咎底汉，争奈浅水无鱼。还有望州亭、乌石岭相见底衲僧么？徒劳下钩。"良久云："担板禅和，如麻似粟。"持钵不得，诈道不饥。

师云："且道雪峰垂此一钩，伫望多少事，却被无出头。所以他只得恁么道，也是丧车背后掉药袋。二人是他屋里人，相见处也不妨奇特。虽然如是，也是灵龟曳尾。或有个出来问：'雪窦作么生？'不免德山令行一半，当时雪峰会中，一时偃刀避箭。"

---

① 鹅湖：即信州鹅湖大义禅师。《五灯会元》卷三："信州鹅湖大义禅师，衢州须江徐氏子。唐宪宗尝诏入内，于麟德殿论义……元和十三年（818）归寂，谥慧觉禅师。"（第164页）

第六十三则　国师净瓶

举僧问忠国师："如何是本身卢舍那？"顶上有圆光的不是。忠云："与老僧过净瓶来。"光现也。僧将净瓶至，忠云："却安旧处着。"两头三面。僧复问："如何是本身卢舍那？"伶俐衲子。忠云："古佛过去久矣！"不免打葛藤。云门道："无朕迹。"犹较些子。雪窦云："直得一手指天，一手指地，争得无，争奈拗折拄杖子。还会么？云在岭头闲不彻，水流涧下大忙生。赖有末后句，若无末后句，何处有雪窦也。"

师云："古人岂是辜负人，若咬得破，一切处都是。如人解射，箭不虚发，步步俯就为人。当时不过净瓶，合作得个什么？云门云：'无朕迹。'我爱韶阳新定机，一生与人抽钉拔楔。雪窦扶忠国师一半，直得一手指天，一手指地。"

第六十四则　茱萸看箭

举赵州访茱萸①，两个老贼！才上法堂，萸云："看箭！"干戈相待。州云："看箭！"两个无孔铁锤。萸云："过！"可惜许。州云："中！"死！雪窦拈云："二俱作家，盖是茱萸赵州；随锤邈作什么？二俱不作家，箭锋不相拄，索性怎么判断。直饶齐发齐中，也只是个射垛汉。这个垛子不堪射，是中是过？僧云：'是过。'便打。"

师云："赵州老汉行脚，到处绕闹，才到云居②，居云：'老老大大何不讨个住处云云？'及到茱萸，如前问云云。又举探水话③，雪窦拈云：'只消个二俱作家。'末后太慈悲，若道知是慈悲，不知是毒药。何故？闻道"看箭"是作家，一云过一云中；是不作家，直饶齐发齐中，也只是个射垛汉云云。不妨难射！引三平见石巩颂云：'解擘④当胸箭，因何只半人？为伊途路得，所

---

① 茱萸：即鄂州茱萸禅师，住随州护国院，为第一世，乃南泉弟子，和赵州从谂禅师是同门。
② 云居：此处指云居道膺禅师，唐代禅僧，法嗣于洞山良价。
③ 探水话：见于《五灯会元》卷四《赵州观音院从谂禅师》，记载赵州从谂禅师："又到茱萸，执拄杖于法堂上，从东过西。萸曰：'作甚么？'师曰：'探水。'萸曰：'我这里一滴也无，探个甚么？'师以杖倚壁，便下。"（第199页）。
④ 解擘：即解开，分开。

以不全身。'法灯①颂云:'古有石巩师,架弓箭而坐云云。'引石巩问西堂②:'你还捉得虚空么?'堂以手撮虚空一下,巩云:'你不会捉。'堂云:'师兄作么生捉?'巩云:'你近前来。'堂近前,巩遂扭堂鼻孔云:'恁么捉虚空始得。'"

---

① 法灯:法灯泰钦禅师,五代南唐时禅宗僧人,清凉文益禅师的法嗣,世称法灯禅师。《五灯会元》卷十《清凉泰钦禅师》:"金陵清凉泰钦法灯禅师,魏府(河北)人也。生而知道,辩才无碍。入法眼之室,海众归之,金曰敏匠。初住洪州(江西)双林院……次住上蓝护国院……次住金陵(南京)龙光院……师后住清凉大道场……师开宝七年(974)六月示疾……二十四日安坐而终。"(第575~577页)
② 西堂:即西堂智藏禅师。

第六十五则　临济赴斋

举临济①与普化去施主家斋。又有两个老贼。济云："毛吞大海，芥纳须弥，不妨奇特。为复是神通妙用，为复是法尔如然？更参三十年。"化踢倒饭床，手忙脚乱作什么？济云："大粗生。"犹有这个在。化云："这里是什么所在，说粗说细？"却好与一掌。济休去。可惜许。至来日又同赴一施主斋。云粗刺，只云一般。济复问："今日供养何如昨日？"又恁么去。化又踢倒饭床。孟八郎汉。济云："大粗生。"验人端的处，下口便知音。化云："瞎汉！佛法说什么粗细？"也须尽情始得。济吐舌。放过即不可。雪窦拈云："两个老贼，吃饭也未了，也须是正贼，验过始得。好与三十棒。你替他吃棒。令虽行，且那个是正贼？山僧不是。"

师云："引普化摇铃因缘，毛吞巨海云云。出《维摩经》云：'住不可思议大解脱菩萨。'为复神通云云？化踢倒饭床作么生会？须是大解脱人始得，若是粘皮着骨，决不奈何，临济普化佛法，争得如今盛行？雪窦道：'两个老贼，吃饭也不了。'且道什么处是不了处？三十棒赏罚分明，且道那个是正贼？脑后见腮，莫与

---

① 临济：即临济义玄禅师，唐代禅宗临济宗创始人，法嗣于黄檗希运禅师。

往来。举三圣瞎驴话①,大沩秀云:'古人忍死待来,因什么正法眼藏,向这瞎驴边灭却?临济行计速速,三圣又却匆匆,由斯父子情忘,遂致后人失望。若不得流水,还应过别山。'一僧参临济未人事,乃问:'礼拜即是,不礼拜即是?'济便喝,僧礼拜。济云:'这贼!'僧亦云:'这贼!'便出去,济云:'莫道无事好。'首座在后侍立,师回问:'还有过也无?'座云:'有。'济云:'宾家有,主家有?'座云:'二俱有过。'济云:'过在什么处?'座便出去。济云:'莫道无事好。'南泉云:'官马相踏。'"

---

① 三圣瞎驴话:见于《五灯会元》卷十一《镇州临济义玄禅师》:"咸通八年丁亥四月十日,将示灭,说传法偈曰:'沿流不止问如何,真照无边说似他。离相离名人不禀,吹毛用了急须磨。'复谓众曰:'吾灭后,不得灭却吾正法眼藏。'三圣出曰:'争敢灭却和尚正法眼藏。'师曰:'已后有人问,你向他道甚么?'圣便喝,师曰:'谁知吾正法眼藏,向这瞎驴边灭却。'言讫,端坐而逝。"(第649页。)

第六十六则　三角示众

举三角①示众云：不免打葛藤。"若论此事，眨上眉毛早是蹉②过。"瞎汉！麻谷出云："蹉过即不问，如何是此事？"无孔铁锤。角云："蹉过。"也是当机不辨。谷便掀倒禅床，且道明个什么边事？角便打。箭锋相拄，犹较些子。雪窦拈云："两个有头无尾汉，眉毛未曾眨上，什么处是眉毛未曾眨上？说什么此事蹉过？"拈向一边，且道是蹉过不是蹉过？有僧问："眉毛为什么不眨上？"你与他同参。雪窦便打。自领出去。

师云："南泉云：'道非物外，物外非道。'赵州出云：'如何是物外道？'泉便打云云。举三角示众云云，一出一入，一挨一拶，如人把手上高山，未免旁观者哂。这里若争胜负，有得失，卒摸捺不着。要辨不辨底机，要会不会底事，须是顶门具眼，肘后有符，始知得此公案。非雪窦拈，其余人难为拈掇。眉毛未曾眨上，正好参究。"

---

① 三角：即潭州三角山总印禅师。《五灯会元》卷三："潭州三角山总印禅师，僧问：'如何是三宝？'师曰：'禾、麦、豆。'曰：'学人会。'师曰：'大众欣然，奉持上堂。若论此事，眨上眉毛，早已蹉过也。'麻谷便问：'眨上眉毛即不问，如何是此事？'师曰：'蹉过也。'谷乃掀倒禅床，师便打。"（长庆代云："悄然。"）（第167页。）

② 蹉：即差错，失误。

第六十七则　岩头跨门

举岩头参德山，才跨门，便问："是凡是圣？"好个消息！山便喝，可惜许。岩头便礼拜。也未是好心。洞山闻云："若不是奯公①，大难承当。"旁人具眼，争奈只知其一，不知其二。岩头云："洞山老汉，不识好恶。我当时一手抬，一手搦。"也不得放过，争奈已败阙了也。雪窦拈云："然则德山门下草偃风行，要且不能塞断人口。也有些子。当时才礼拜，劈脊便打，也是贼过后张弓。非唯剿绝洞山，亦乃把定豁老。而今争奈闻黎何。还会么？李将军有嘉声在，不得封侯也是闲。不免说道理。"

师云："德山、岩头初相见，便以此问问他云云。岩头礼拜有些子譸讹，作么生会德山休去。又举托钵话②云云。又且道这休去如何，作么生是一手抬一手搦处？他父子相投，时节若至，其理自彰。且道雪窦要剿绝他，作么生是衲僧门下各有一坐具地？纵横自在，所以道'我为法王，于法自在'。"

---

① 奯公：就是指岩头全奯禅师。
② 托钵话：即德山托钵的公案。《五灯会元》卷七《鄂州岩头全奯禅师》："雪峰在德山作饭头。一日饭迟，德山擎钵下法堂。峰晒饭巾次，见德山乃曰：'这老汉钟未鸣，鼓未响，托钵向甚处去？'德山便归方丈。峰举似师，师云：'大小德山不会末后句。'"（第376页。）

第六十八则　太原顾视

举太原孚上座参雪峰，才到法堂顾视雪峰，便下看知事①。好与三万六千棒。雪窦云："一千五百人作家宗师，被孚老一觑，便高竖降旗。"也是将错就错。孚来日入方丈云："昨日触忤②和尚。"第二回重纳败阙。峰云："知是般事便休。"可惜放过。雪窦云："果然！"遭他雪窦点捡。僧问云门："作么生是触忤处？"门便打。更不消得。雪窦云："打得百千万个有什么用处，直须尽大地人吃棒，方可扶竖雪峰。山僧一时悚然。且道太原孚具什么眼？猫儿屎孔眼。"

师云："世尊拈花，迦叶微笑。吾有正法眼藏，付与摩诃大迦叶。盖为黄河从源头浊了，所以如此。且孚上座至看知事，若是向上人，举着便知落处。太原孚一觑，有底道努眼光③，古人意不在与么？若无奇特处，雪峰肯许他？寻常口似悬河，作么生便休去？不见道'通方④作者，相共证明'，又云'是贼识贼'，呈眼光一下，似则似，犹隔一重在。引去堂前，峰指日，他为什

---

① 知事：禅院中职事僧分为东、西二班，西班统称为"头首"，东班统称为"知事"，维那、典座、直岁等均属知事。
② 触忤：《卍新纂续藏经》本作"触误"。《大正藏》本《明觉禅师语录》作"触忤"。按："触忤"亦作"触迕"，有冒犯的意思。
③ 努眼光：即瞪眼，怒目而视。
④ 通方：指通达，契合道法。

么却摆手。有般人见指日,便道光明烜赫。雪窦道:'果然雪峰不打。'僧问云门:'作么生是触忤处?'云门为什么却打这僧?因风吹火,用力不多。"

第六十九则　云门三病

举僧请益云门"玄沙三种病人①"话，门云："你礼拜着。"僧礼拜起，门以拄杖便挃②。合得多少麻滓趣末③。僧退后，门云："你不是患盲。"酌然患盲。复唤近前来，僧近前，门云："汝不是患聋。"酌然患聋。乃云："还会么？"僧云："不会。"门云："汝不是患哑。"酌然患哑。僧于此有省。也须是钻破混沌始得。雪窦便喝云："这盲聋暗哑④汉！若不是云门，驴年去？因风吹火，用力不多。如今有底或拈槌竖拂，不管；教近前，又不来；只者便是請讹处。还会么，不应。诸方还奈何得么？打云：'有什么难奈何处？'若不奈何，汝这一队驴汉，又堪作个什么？也是第二机。以拄杖一时打趁。放过一着。"

---

① 玄沙三种病人：《景德传灯录》卷十八《福州玄沙师备禅师》一节中："师有时垂语曰：'诸方老宿尽道接物利生，且问汝，只如盲、聋、哑三种病人，汝作么生接？拈槌竖拂，他眼且不见，耳又不闻，口复哑，若接不得，则佛法尽无灵验。'时有僧出曰：'三种病人和尚还许人商量否？'师曰：'许汝，作么生商量？'其僧珍重出。师曰：'不是！不是！'"（《大正藏》第51册，第346页上。）
② 挃：即捣，撞击。
③ 麻滓趣末：渣滓的细小碎末。麻滓，又名麻油滓、麻枯饼、芝麻莘、麻糁，为胡麻科植物脂麻的种子经榨去脂肪油后的渣滓。趣：小，细小。末：碎屑，碎末。
④ 盲聋喑哑：眼盲、耳聋、发音不清、哑巴，泛指残疾人。喑，发音不清楚。

师云:"地藏①云:'桂琛见有口眼耳,和尚作么生接?'沙云:'你去。'又僧问:'三种病人话,还许学人说道理也无?'沙云:'许。'僧珍重便行。举法眼云:'我闻先师举三种病人话我便会,如今人只为言语所隔不能会。'雪窦末后道:'若不奈何,汝这一队驴汉,又堪作个什么?'殊不知,雪窦已是盲聋喑哑了也。"

---

① 地藏:就是指罗汉桂琛禅师,因桂琛曾住持于石山地藏院,故称地藏院桂琛禅师,后迁止于罗汉院,又称罗汉桂琛禅师。

第七十则　鼓山示众

举鼓山①示众："若论此事，如一口剑。"道什么？时有僧问："承和尚有言'若论此事，如一口剑'，和尚是死尸，学人是死尸，斩！如何是剑？是则是，无出身处。"山云："拖出这死尸。"兼身在内。僧应喏，归衣钵下，打叠②便行。左之右之，不妨是奸人细作，剑在什么处？山至晚问首座："问话僧在否？"若在，朝打三千，暮打八百。座云："当时便去也。"赖是灵利衲僧。山云："好与三十棒。"人人尽道贼过后张弓，争奈现成公案。雪窦云："诸方老宿总道鼓山失却一只眼，往往不能坐天下人舌头。殊不知，重赏之下，必有勇夫。且道赏得个什么？虽然如此，若仔细点捡将来，未免一坑埋却。打云：'已埋了也。'"

---

① 鼓山：即福州鼓山神晏禅师。《五灯会元》卷七："福州鼓山神晏兴圣国师，大梁李氏子。幼恶荤膻，乐闻钟梵。年十二时，有白气数道腾于所居屋壁……明年又梦梵僧告曰：'出家时至矣。'遂依卫州白鹿山规禅师披削，嵩岳受具。谓同学曰：'古德云，白四羯磨后，全体戒定慧，岂准绳而可拘也。'于是杖锡，遍扣禅关，而但记语言，存乎知解。及造雪岭，朗然符契。一日参雪峰，峰知其缘熟，忽起搊住曰：'是甚么！'师释然了悟，亦忘其了心，唯举手摇曳而已。峰曰：'子作道理邪？'师曰：'何道理之有！'峰审其悬解，抚而印之。后闻帅常询法要，创鼓山禅苑，请举扬宗旨。"（第409页）

② 打叠：即收拾，整理。

举鼓山九重城里圣箭话①云云,"直下犹难会,寻言转更赊②。若论佛与祖,特地隔天涯",须知鼓山不跨石门底句③。举示众云:"若论此事如一口剑",僧问得奇特,此唤作弄泥团汉,且道死尸在谁边?剑在阿谁边?若这僧有权有实,有杀有活,也大誵讹。鼓山当时合打,为什么不打?去了却问首座方打。雪窦恁么拈,且得不错会,若有得有失,雪窦一时埋却则且置,雪窦向什么处安身立命?

---

① 鼓山九重城里圣箭话:《五灯会元》卷七《太原孚上座》条中有:"鼓山赴大王请,雪峰门送,同至法堂,乃曰:'一只圣箭,直射九重城里去也。'师曰:'是伊未在。'曰:'渠是彻底人。'师曰:'若不信,待某甲去勘过。'遂趁至中路,便问师兄:'甚处去?'山曰:'九重城里。'师曰:'忽遇三军围绕时如何?'山曰:'他家自有通霄路。'师曰:'恁么则离宫失殿去也。'山曰:'何处不称尊。'师拂袖便回。峰问:"如何"?师曰:'好只圣箭,中路折却了也。'遂举前话,峰乃曰:'奴渠语在。'师曰:'这老冻脓,犹有乡情在。'"(第434页)。
② 赊:即远,长。
③ 鼓山不跨石门底句:《景德传灯录》卷十八记载:"师问僧:'鼓山有不跨石门句,汝作么生道?'僧曰:'请。'师乃打之。""鼓山寻常道:'更有一人不跨石门,须有不跨石门句,作么生是不跨石门句?'"(《大正藏》第51册,第351页上。)

第七十一则　睦州毛端

举睦州问武陵长老①："'了即毛端吞巨海，始知大地一微尘'作么生？"那里得这一落索来。陵云："和尚问谁？"过！州云："问长老。"中！陵云："何不领话②？"两重三重旧公案。州云："我不领话，汝不领话？"两个都卢铁面皮③。雪窦拈云："堕也！堕也！"放过即不可。复云："这个葛藤，老汉好与划断。"拈拄杖云："什么处去也？"打云："也与划断了也。"

师云："'了即毛端吞巨海，始知大地一微尘'作么生？'和尚问谁？'也不妨奇特。作么生摸搂他？当时若不是睦州，难奈何他。云：'问长老。'且道毕竟勘得破勘不破？武陵毕竟辨得辨不得？'和尚何不领话？'州云：'我不领话，汝不领话？'太煞誵讹！如镜清问僧：'近离什么处？'云：'石桥云云。'若人透得这一重，千人万人罗笼不住。睦州辨得他，一出一入，丝来线去，一等是打葛藤，不妨奇特。雪窦拈云：'堕也！堕也！'只消个'堕也'一句，何故？师子返踯，武陵功不浪施。末后复云：'这葛藤，老汉好与划断。'拈拄杖云：'什么处去？'铅刀④一割。"

---

① 武陵长老：生平不详，法嗣不详。
② 领话：谓在禅语问答往来中，承接、领会对方机语。
③ 卢铁面皮：指黑铁面皮。卢，黑色。司马相如《上林赋》："于是乎卢橘夏熟。"
④ 铅刀：即铅质的刀，言其不锋利。

第七十二则　仰山坐次

举仰山坐次，大禅佛①翘一足云："西天二十八祖亦如是，唐土六祖亦如是，天下老和尚亦如是，某甲亦如是。"这弄泥团汉，通个消息不妨奇特，只恐有头无尾。山下禅床打四藤条。也须是截铁斩钉始得。雪窦云："藤条未到打折，因什么只与四下？言犹在耳。须是斩钉截铁汉始得。"打云："是几下？"大禅佛后到霍山②，自云："集云峰下③四藤条，天下大禅佛参。"少卖弄。山云："打钟着。"须是与他本分草料。禅便走。三十六计。雪窦云："这汉虽是见机而变，争奈有头无尾。"也是据款结案。

师云："当时若不见机而变，何处臾有大禅佛？阇黎只管唤作什么？或有人问甚处是有头无尾处？什么是见机而变处？你若

---

① 大禅佛：犹大禅师之德称也。《祖庭事苑》卷二曰："禅宗有二大禅佛：一名景通，嗣仰山，一名智通，嗣归宗常。"（《卍新纂续藏经》第64册，第332页下。）此处之大禅佛正是仰山之法嗣霍山景通禅师。
② 霍山：亦名霍太山、太岳山，在今山西霍州东南。
③ 集云峰下：代指仰山慧寂。仰山有集云峰。

手忙脚乱,老僧在你脚底下。举归宗下亦有大禅佛①云:'我悟也!我悟也!师姑元是女人做。'翘一足云:'且道是什么消息?'若不是脚踏实地,争敢轻开大口。拈仰山着力处,藤条未到折云云。后到霍山至走,入来要辨主人家。霍山若辨他,作家相见须是恁么去。打钟着,且道见个什么道理便走。盖伊识得主人家,所以便行。雪窦道:'须是斩钉截铁汉始得。'这汉见机而变处,是有头无尾处,须是自点捡仔细始得。"

---

① 大禅佛:指五台山智通禅师,是庐山归宗寺智常禅师的法嗣。《五灯会元》卷四:"五台山智通禅师(自称大禅佛)初在归宗会下,忽一夜连叫曰:'我大悟也。'众骇之。明日上堂众集。宗曰:'昨夜大悟底僧出来。'师出曰:'某甲。'宗曰:'汝见甚么道理,便言大悟?试说看。'师曰:'师姑元是女人作。'宗异之,师便辞去。宗门送,与提笠子。师接得笠子,戴头上便行,更不回顾。后居台山法华寺,临终有偈曰:'举手攀南斗,回身倚北辰。出头天外看,谁是我般人?'"(第220页)

第七十三则　智门般若

举僧问智门："如何是般若体？"硬纠纠①地。门云："蚌含明月。"通身是眼觑不破。僧云："如何是般若用？"烂泥相似。门云："兔子怀胎。"通身是口说不得。雪窦云："非唯把定世界，亦乃安贴家邦。是即是，德山门下即得。若善能参详，便请丹霄独步。作么生是丹霄独步？"

师云："北塔②因缘，欲知佛性义，当观时节因缘。据古人得个妙处，一言一句，为人不妨奇特。云门下尊宿，一句是三句。北塔既究到这里，后人只管粘皮着骨③。昔日云门北斗话④，并祚和尚般若体话，众中浩浩地商量。今时人或闻一句半句，不以为事。蚌含明月，乃中秋月夜，蚌含月光以生珠。盘山⑤垂语云：'心月孤圆，光含万象。'尽十方世界，只是般若光，光未发时，无佛无众生。雪窦云：'非唯把定世界云云。'兔子怀胎，兔子无

---

① 硬纠纠：《卍新纂续藏经》本作"硬斜斜"，斜为丝黄色的意思。此处或为"纠"之错讹，当作"硬纠纠"，见本书第七十九则有"硬纠纠"。
② 北塔：即智门光祚禅师。
③ 粘皮着骨：比喻固执呆板。着：《卍新纂续藏经》本作"差"，当为"着"的讹字，即粘皮着骨。
④ 云门北斗话：《五灯会元》卷十五《云门文偃禅师》："问：'如何是透法身句？'师云：'北斗里藏身。'"（第 929 页）。
⑤ 盘山：即盘山宝积禅师，受马祖道一禅师印可，谥号"凝寂大师"。

雄,中秋月夜,吞月光而孕,从口产子。'答得安贴家邦。'举体露金风①,钵里饭,桶里水,银碗里盛雪,珊瑚枝枝撑着月,宗师眼目须至如此。复举玄沙示众云:'十方世界不漏一丝毫。'"

---

① 体露金风:《五灯会元》卷十五《云门文偃禅师》:"问:'树凋叶落时如何?'师曰:'体露金风。'"(第929页)。

第七十四则　乌臼参堂

举乌臼①问玄、绍二上座："近离什处？"一口吞尽。僧云："江西。"不妨好个消息。臼便打。是则是，太粗生。僧云："久闻和尚有此机要。"赖是知落处。臼云："汝既不会，第二个近前来。"还容得人，拟议也无。僧拟议，果然怎么去。臼亦打，作家宗师，就中难得。云："同坑无异土，参堂去。"雪窦云："宗师眼目须至恁么，自达磨西来，唐土讨一个也难得。如金翅②擘海直取龙吞。能取譬喻。有般汉，眼目未辨东西，拄杖不知颠倒，故是杜撰长老③。只管说照用同时，人境俱夺。便作座主见解。"

师云："乌臼，乃马祖下名望尊宿；玄、绍二公，亦是通方作者。录中有问答因缘云云，复举公案便打，过在什么处？须是情尽见除无依倚，方见他古人全机处。玄、绍二上座也识破也，便云：'久闻和尚有此机要。'作么生是他机要处？'参堂去'，有什么共语处？直须是情尽。此是本分草料，难为咬嚼，他通方作

---

① 乌臼：即乌臼和尚，嗣法于马祖道一，事迹见于《五灯会元》卷三"马祖一禅师法嗣"下。（第174页。）
② 金翅：佛教传说中的鸟，佛家谓天龙八部之一。《法苑珠林》卷六："金翅鸟有四种，一卵生，二胎生，三湿生，四化生……若卵生金翅鸟飞下海中，以翅搏水，水即两披，深二百由旬，取卵生龙，随意而食之。"（第211页。）
③ 杜撰长老：指参习多年，尚未真正悟道却又好施言句作略的禅僧。

者，方知落处。'汝既不会，第二个近前来，僧拟议云云，参堂去。'若作无语，是错此公案，是从上提纲者格则。雪窦云：'如金翅鸟擘海直取龙吞，有一般汉云云。'雪窦破人情见，有云：'拈棒便打处，是照用同时，人境俱夺'，错会了也。"

第七十五则　雪峰天使

举雪峰问僧："见说大德曾为天使①来是否？"和尚得恁么耳目长。僧云："不敢。"只管吃棒。峰云："争解恁么来？"果然拈起拄杖子。僧云："仰慕道德，岂惮关山。"已是放过了也。峰云："汝犹醉在，出去！"放行此令。僧便出。果然！峰乃召大德，僧回首，峰云："是什么？"且道是什么？僧亦云："是什么？"箭锋相拄。峰云："这漆桶②！"天下衲僧跳不出。僧无语。可惜许。峰却顾谓镜清云："好个师僧，向漆桶里折倒。"杀人不眨眼汉，更卖弄好手。清云："和尚岂不是据款结案。"撞着个作家。峰云："也是我寻常用底。忽若唤回道'是什么'，被他道'这漆桶'，又作么生？"夺却雪峰枪头子。清云："成何道理？"扶强不扶弱。峰云："我恁么及伊，汝又道据款结案；他恁么及我，汝又道成何道理。一等是恁么时节，其间何故有得有不得？"雪峰拄杖子，被镜清夺了。清云："不见道'醍醐上味，为世所珍；遇此等人，翻成毒药'。"智过于师，方堪传授。雪窦云："看他父子相投，言气相合。知者谓粉骨碎身，此恩难报；酌然。不知者谓扶高抑下，临危悚人。大有人恁么会。毒药醍醐，千载龟鉴。何止千载，尽未来际，

---

① 天使：指皇帝派遣的使臣。
② 漆桶：对愚暗不悟者的詈称，斥其心中、眼前一片漆黑。

风行草偃。还会么？这漆桶！咄！便打：'还我话头来。'"

师云："这僧作贵官来，舍缘①出家行脚。峰云：'汝犹醉在。'寻常雪峰为人，如金翅擘海直取龙吞，故云'尽大地撮来如米粒大'，岂不是如金翅擘海直取龙吞。雪峰怎么道，且道这僧什么处是构雪峰处？复举二僧到雪峰托庵门话②，彼中末后无语，却毒；这里末后有语，却伤锋犯手。是时镜清作侍者，辨得他宾主相见处，雪峰拈问镜清，一开一遮，一收一放，峰折倒他不下，岂不见道'虽是死蛇，解弄也活'。清云：'成何道理？'何故？雪峰道即有分，者僧道即无分。峰云：'我怎么及伊，又道据款结案；他怎么及我，又道成何道理。一等是恁么时节，其间何故有得有不得？'镜清便与念咒一遍：'醍醐上味，为世所珍。遇此等人，翻成毒药云云。'千圣传来不堕诸数，直须独脱，一切处罗笼不得。若谓得去天下衲僧，被你一时穿却鼻孔。又赵州道：'拈一茎草作丈六金身用，将丈六金身作一茎草用。'又雪窦云：'看他父子相投，言气相合。知者，谓粉骨碎身，此恩难报；不知者，谓扶高抑下，临危悚人。出去！这漆桶！'何处是抑下悚人？举龟鉴事，末后撮作一束，教人易会。"

---

① 舍缘：即结缘。指与佛法结下缘分，作为将来得度的因缘。
② 二僧到雪峰托庵门话：见于《五灯会元》卷七《福州雪峰义存禅师》："一日，有两僧来，师以手托庵门，放身出曰：'是甚么？'僧亦曰：'是甚么？'师低头归庵。僧辞去，师问：'甚么处去？'曰：'湖南。'师曰：'我有个同行住岩头，附汝一书去。'书曰：'某书上师兄，某一自鳌山成道后，迄至于今，饱不饥。同参某书上。'僧到，岩头问：'甚么处来？'曰：'雪峰来，有书达和尚。'头接了，乃问僧："别有何言句？"僧遂举前话，头曰：'他道甚么？'曰：'他无语低头归庵。'头曰：'噫！我当初悔不向伊道末后句。若向伊道，天下人不奈雪老何。'僧至夏末，请益前话，头曰：'何不早问？'曰：'未敢容易。'头曰：'雪峰虽与我同条生，不与我同条死。要识末后句，只这是。'"
（第383页。）

第七十六则　大随普贤

举僧辞大随①，随问："什么处去？"不可不知去处。僧云："峨眉礼普贤去。"峨眉去即便休，礼拜普贤作什么？随竖起拂子云："文殊、普贤总在这里。"事生也。僧画一圆相，抛向背后。元来是屋里人。随唤侍者："将一贴茶与这僧。"钝滞杀人。云门别云："西天斩头截臂，这里自领出去。"幽州犹自可，最苦是新罗。雪窦云："杀人刀，活人剑，具眼者辨取。"也是衲僧茶饭。

师云："大随参六十余员善知识，在福州安禅师②会下，作板

---

① 大随：即大随法真禅师，长庆安禅师法嗣。《五灯会元》卷四："益州大随法真禅师，梓州王氏子。妙龄夙悟，决志寻师，于慧义寺出家。圆具后南游，初见药山、道吾、云岩、洞山，次至岭外大沩会下……从此名传四海。尔后还蜀，寄锡天彭堋口山龙怀寺，于路旁煎茶普施三年。因往后山，见一古院号大随，群峰矗秀，涧水清泠。中有一树，围四丈余。南开一门，中空无碍，不假斤斧，自然一庵。时自为木禅庵，师乃居之十余载。影不出山，声闻于外。四方玄学，千里趋风。蜀主钦尚，遣使屡征，师皆辞以老病，署神照大师。"（第237页）

② 福州安禅师：即福州长庆大安禅师，百丈怀海禅师的法嗣，与沩山灵祐是同参，传法于大随法真。《五灯会元》卷第四："福州长庆大安禅师，号懒安。郡之陈氏子。受业于黄檗山，习律乘。尝自念言：'我虽勤苦，而未闻玄极之理。'乃孤锡游方，将往洪井，路出上元。逢一老父谓师曰：'师往南昌，当有所得。'师即造百丈，礼而问曰：'学人欲求识佛，何者即是？'丈曰：'大似骑牛觅牛。'师曰：'识得后如何？'丈曰：'如人骑牛至家。'师曰：'未审始终如何保任？'丈曰：'如牧牛人执杖视之，不令犯人苗稼。'师自兹领旨，更不驰求。同参祐禅师，创居沩山。师躬耕助道。及祐归寂，众请接踵住持……师大化闽城。唐中和三年归黄檗示寂。塔于楞伽山，谥圆智禅师。"（第191～192页）

头①二十年云云。大随竖起拂子，僧画一圆相，这僧是沩仰下禅客。画圆相抛向背后，且道是奇特，不是奇特？大随唤侍者：'将一贴茶与他。'是赏，是罚？是肯他，是不肯他？云门别云：'西天斩头截臂，这里自领出去。'举外道论义负堕即斩，若会云门意，识得大随雪窦。"

---

① 板头：又作"版头"。指僧堂中各板单之初位。如东北、西北、西南、东南四床，每床各有五人，依戒腊之次第居坐，四床之初位合称四板头；依次称为首座板头、后堂板头、立僧板头、西堂板头。《禅苑清规》卷一："于前门内，南颊床下版头第三位，次第而坐。"又指僧堂内之床橼。

第七十七则　云门新罗

举云门问新罗僧："汝是什处人？"既知更问作什么？僧云："新罗人。"实头人难得。门云："将什么过海？"是他始得。僧云："草贼大败。"犹较些子。门云："为什么在我手里？"第二杓来也。僧云："恰是。"也较些子。门云："一任跨跳。"可惜许。雪窦云："云门老汉龙头蛇尾，放过这僧。'为什么在我手里？'也是停囚长智。'恰是。'劈脊便打。打云：'也不移一时。'"

师云："且道打他作么？若道是过，眉须堕落①，这个验人，这僧也是作家。'将什么过海？'落在第二头。"

---

① 眉须堕落：《五灯会元》卷五《邓州丹霞天然禅师》："（邓州丹霞天然禅师）后于慧林寺，遇天大寒，取木佛烧火向。院主呵曰：'何得烧我木佛？'师以杖子拨灰曰：'吾烧取舍利。'主曰：'木佛何有舍利？'师曰：'既无舍利，更取两尊烧。'主自后眉须堕落。"（第262页。）

第七十八则　北禅资福

举北禅①问僧："近离什处？"与前一般。僧云："黄州②。"不可不实头。禅云："夏在什么处？"更饶一路。僧云："资福。"有事相借问。禅云："福将何资？"入草也。僧云："两重公案。"也不得放过。禅云："争奈在我手里？"却似云门弟子相似。僧云："在手里即收取。"与新罗僧同参。禅便打，作家宗师，天然有在。这僧不甘，随后趁出。尽令而行，始是本分。雪窦云："奇怪！宛有超师之作。也不消得，据款结案。还知这僧么？只解贪前，不能顾后。直饶解顾前后，打了也是趁出。若在雪窦手里，棒折也未放在。打云：'未折在。'"

师云："北禅是云门弟子。'福将何资？'大凡勘辨，须是趯③翻方勘得。'争奈在我手里？'所以道生擒活捉。"

---

① 北禅：即蕲州北禅悟通寂禅师。
② 黄州：治今湖北黄冈。
③ 趯：跳得很快的样子。

第七十九则　睦州示众

举睦州示众云："我见百丈不识好恶。也有些子。大众方集，以拄杖一时打下。正令当行。复召大众，众回首。龙头蛇尾。丈云：'是什么？有什么共语处？是则是，忒煞不近人情。'黄檗和尚，大众方集，以拄杖一时打下。也是正令当行。复召大众，众回首。两重公案。檗云：'月似弯弓，少雨多风。'犹较些子。"摸捺不着。雪窦云："说什么犹较些子？直是未在。也是山僧曾道来。若据雪窦，众集一时打下便休。有什么缱绻？有什么譊讹？或有个无孔铁锤为众竭力，也未是阇黎分上事。善能担荷，只恐承当不得。可以笼罩古今，乾坤把断。"朝打三千，暮打八百。雪窦蓦拈拄杖云险！："放过一着。"龙头蛇尾作什么？

师云："睦州嗣黄檗。云岩①在百丈二十年为侍者，后嗣药

---

① 云岩：即潭州云岩寺昙晟禅师，嗣法于药山惟俨禅师，传法弟子中洞山良价禅师最为著名。《五灯会元》卷五："潭州云岩昙晟禅师，钟陵建昌王氏子。少出家于石门，参百丈海禅师二十年，因缘不契。后造药山……会昌元年（841）辛酉十月二十六日示疾，命澡身竟，唤主事令备斋，来日有上座发去。至二十七夜归寂，荼毗得舍利一千余粒。瘗于石塔，谥无住大师。"（第273~275页）

山①,到药山,山问:'百丈有何言句?'举前话,至'是什么?有什么共语处'?山云:'有此奇特事。'睦州会拈,先去头边道云:'我见百丈不识好恶,大众方集,以拄杖一时打下。复召大众,众回首,丈云:是什么?'又拈'犹较些子',睦州意作么生?这些子全机,提来硬纠纠地。雪窦善担荷,蓦拈拄杖云:'放过一着。'且道雪窦前头为人,后头为人?无事试定当看。"

---

① 药山:即药山惟俨禅师,石头希迁禅师的法嗣。《五灯会元》卷五:"澧州药山惟俨禅师,绛州韩氏子。年十七,依潮阳西山慧照禅师出家,纳戒于衡岳希操律师。博通经论,严持戒律。一日,自叹曰:'大丈夫当离法自净,谁能屑屑事细行于布巾邪?'首造石头之室……师于言下契悟,便礼拜……太和八年(834)十一月六日临顺世,叫曰:'法堂倒!法堂倒!'众皆持拄撑之。师举手曰:'子不会我意。'乃告寂。塔于院东隅。唐文宗谥弘道大师,塔曰化城。"(第256~261页。)

第八十则　玄沙圆相

举玄沙见鼓山来，作一圆相。是即是，太煞起模画样生。山云："人人出这个不得。"撞见作家，也须分明举似。沙云："情知汝向驴胎马腹中作活计。"此犹是天下人摸捺不着处。山云："和尚又作么生？"浑无丈夫气息。沙云："人人出这个不得。"被他夺却枪头了也。山云："和尚怎么道得，某甲怎么道，为什么不得？"只管吃棒。沙云："我得汝不得。"识什么好恶。雪窦拈云："只解贪观白浪，不知失却手桡。"只如雪窦又作么生？打云：'人人出这个不得。'

师云："备头陀①作一圆相，直须仔细参究，直是奇特，只恐你错会。'情知汝向驴胎马腹里作活计'，若透得过方知玄沙重重慈悲，粉骨碎身，此恩难报。举玄沙不见一法为大过患云云，相似'我得汝不得'，赤心片片。举外道问佛，说不定法公案②，正是这个样子。直是绝情尘意想，不拘是非得失，打得脱落洒洒地，然后可以与此相合无误。"

---

① 备头陀：指玄沙师备禅师。头陀，梵语称僧人为头陀。
② 外道问佛，说不定法公案：此公案见《五灯会元》卷一"释迦牟尼佛"：世尊因外道问："昨日说何法？"曰："说定法。"外道曰："今日说何法。？"曰："不定法。"外道曰："昨日说定法，今日何说不定法？"世尊曰："昨日定，今日不定。"（第6页。）

第八十一则　南泉卖身

举南泉示众云："王老师①卖身去也，还有人买么？"奇怪！一僧出众云："某甲买。"钓得一个。泉云："不作贵不作贱，作么生买？"太煞请讹。僧无语。可惜许。卧龙②代云："和尚属某甲。"收！禾山③代云："是何道理？"不得翻款。赵州云："明年与和尚作一领布衫。"此语最毒！雪窦云："虽然作家竞买，要且不解输机，且道南泉还肯么？直饶肯，也是阶下汉。雪窦也拟酬个价，直令南泉进且无门，退亦无地。少卖弄。'不作贵不作贱，作么生买？'看雪窦有什么伎俩。别处容和尚不得。将为多少奇特。"

师云："着槽厂④去，客作担板汉。卧龙道：'和尚属某甲。'

---

① 王老师：即南泉普愿禅师，因他俗姓王。
② 卧龙：即岩头全豁禅师，曾住庵于洞庭卧龙山，故亦称卧龙。
③ 禾山：即禾山无殷禅师，筠州九峰道虔禅师的法嗣。《禅林僧宝传》卷五："禅师名无殷，生吴氏，福州人也。七龄，雪峰存禅师见之，爱其纯粹，化其亲，令出家。年二十，乃剃落受具。辞，游方至九峰……殷于是依止（道虔）十余年，虔移居石门亦从之。及虔殁，去游庐陵。至永新，见东南山奇胜，乃寻水而往，有故寺基。盖文德中，异僧达奚道场，遂定居，学者云集。唐后主闻其名，诏至金陵，问佛法大意。久之，有旨延居扬州祥光寺，恳辞归西山。诏住翠岩，又住上蓝寺，赐号澄源禅师。建隆元年（960）庚申二月，示有微疾。三月二日，令侍者开方丈，集大众曰：'后来学者，未识禾山，即今识取。'于是泊然而化。阅世七十，坐夏五十。谥法性禅师，塔曰妙相。"《卍新纂续藏经》第79册，第503页上。）
④ 着槽厂：指安置僧徒的宿舍，系禅院住持僧同意收留行脚僧的习语。着，安置。槽厂，本义指畜棚之类的，一谓碓米房，转指僧徒宿舍。

禾山云：'世间无比。'赵州骤步阔脚，拳踢手搦，难为摸挼。机轮转处，作者犹迷，所以古人道：'向上提纲，非情尘所测。'雪窦道：'别处容和尚不得。'输机！庆藏主①犹自贬剥他。"

---

① 庆藏主：即自庆藏主。《锦江禅灯》卷八："自庆藏主者，蜀人，丛林知名，遍参真如、晦堂、普觉诸大老，游庐阜，入都城，见法云圆通禅师。与秀大师偕行到法云，秀得参堂，以庆藏主之名达圆通。通曰：'且令别处挂搭，俟此间单位空，即令参堂。'庆在智海，偶卧病，秀欲诣问所苦，而山门无假，乃潜出。智海见庆。庆以书白圆通，道秀越规矩出入。圆通得书知之，夜参大骂：'此真小人！彼以道义，故拼出院来讯汝疾。返以此告讦，岂端人正士所为！'庆闻之，遂掩息。丛林尽谓：'庆遭圆通一诟而卒。'"（《卍新纂续藏经》第 85 册，第 159 页下）。藏主，是寺院职事僧之一，主管佛经图书，亦称"知藏"。当时庆藏主众推饱参，尤善洞下宗旨，圆悟克勤曾师从之，尽其要。

第八十二则　茱萸一橛

举茱萸把一橛竹上堂：两个三个，成群作队作什么？"还有虚空里钉得橛么？"这老汉热发作什么？时有灵虚上座出云："虚空是橛。"已是随语生解了也。萸便打。好打！灵云："莫错打某甲。"犹自口喃喃。萸便休去。可惜许。雪窦云："若要此话大行，直须打了赶出。"堪作什么，且道意在什么处？

师云："举香严上树话，举沩山有句无句话①。古人踏着上头关棙子②，不惭为人通个消息，是奇特处。灵云：'虚空是橛'，虽然为众竭力，争奈祸出私门。'莫错打某甲'，临危不变始惊群。胡钉铰见赵州③，只这缝尚不奈何，是这般底正好打。若明此意，千千万万人罗笼不住。"

---

① 沩山有句无句话：《祖堂集》卷十六《沩山和尚》："云岩到沩山。沩山泥壁次，问：'有句无句，如藤倚树，树倒藤枯时作摩生？'云岩无对。举似道吾，道吾便去。到沩山，师便置前问。问未了，道吾便夺云：'树倒藤枯时作摩生？'师不对，便入房丈。"（第725页。）

② 关棙子：原意为门闩，喻指事物的紧要关键之处。

③ 胡钉铰见赵州：《五灯会元》卷十一《镇州宝寿沼禅师》："胡钉铰参，师（宝寿沼禅师）问：'汝莫是胡钉铰么？'曰：'不敢。'师曰：'还钉得虚空么！'曰：'请和尚打破。'师便打，胡曰：'和尚莫错打某甲。'师曰：'向后有多口，阿师与你点破在。'胡后到赵州举前话，州曰：'汝因甚么被他打？'胡曰：'不知过在甚么处？'州曰：'只这一缝尚不奈何！'胡于此有省。赵州曰：'且钉这一缝。'"（第653页。）

第八十三则　夹山生死

举夹山①与定山②同行语话次，定山云："生死中无佛，则无生死。"只得一边。夹山云："生死中有佛，则不迷生死。"也只得一边。互相不肯，同上大梅，相见了具说前事。这汉自家金刚王宝剑在什么处？夹山问云："未审那个亲，那个疏？"梅云："一亲一疏。"作家宗师。夹山云："那个亲？"犹自不惺惺。梅云："且去，明日来。"两重三重。夹山来日又问云云，梅云："亲者不问，问者不亲。"直得雨淋头。夹山后住院云："我当时在大梅，失却一只眼。"贫儿思旧债。雪窦云："夹山毕竟不知换得一只眼。也须是八面受敌，不妨玲珑。大梅老汉当时闻举，若以棒一时打出，且道打他作什么？岂止划断两人葛藤，亦乃为天下宗匠。已在言前，不劳重举。"

师云："且道大梅打他怎么生？二人同论生死为大事，研穷要到极则③处，不见永嘉道：'不是山僧逞人我，修行恐落断常坑。'夹山明日又上来问，有多少誵讹？梅云：'亲者不问，问者不亲'，似马前相扑，却推在夹山身上。辨龙蛇兮眼何正，擒虎兕兮机不全。"

---

① 夹山：即唐澧州夹山善会禅师。
② 定山：即滁州定山神英禅师，沩山灵佑禅师法嗣，生平事迹不详。事迹见《五灯会元》卷九。
③ 极则：指至极妙理。

第八十四则　保福羚羊

举僧问保福："雪峰平生有何言句，得似羚羊挂角时？"险！福云："我不可作雪峰弟子不得。"三千里外，望风启告。雪窦云："一千五百个布衲①，保福较些子。"随邪逐恶作么？直下未梦见在。

师云："明眼汉没窠臼，不将实法系缀②人家男女，直得似羚羊挂角相似，方为得人。无声色，无踪迹，亦摸搩不着。'我不可作雪峰弟子不得'，有咬猪狗底手脚③，明剥剥地，所以雪窦恁么拈。"

---

① 布衲：指僧人的衲衣，又指对僧人的称呼。
② 系缀：缝合，连接。
③ 咬猪狗底手脚：本色禅师接引学人或较量机锋，不讲情面，手段奇特，这样的禅师及其手段称为"咬猪狗手脚"。手脚，角色，手段。《云门广录》卷上："若未有个入头处，遇着本色咬猪狗手脚，不惜性命，入泥入水相为，有可咬嚼，眨上眉毛，高挂钵囊，十年二十年，办取彻头，莫愁不成办。"《僧宝正续传》卷四，宝峰祥："不遇咬猪狗手脚，便将寻常知识劈头罩却，劈脚击住，谓祖佛出来，无过于此。"亦作"咬猪狗脚手"。

第八十五则　巴陵祖意

举僧问巴陵："祖意教意是同是别？"同则总同，别则总别。陵云："鸡寒上树，鸭寒下水。"也是说道理。僧问睦州："祖意教意是同是别？"不同不别。州云："青山自青山，白云自白云。"也是说道理。雪窦云："问既一般，答亦相似，争奈水乳不分。其中有利他自利，瞒人自瞒。自利利他即得，瞒人自瞒未得。若点捡分明，管取解空第一。已点捡了也，还有解空底么？"

师云："举座主问白马、夹山事①，此个公案，须是具眼底人方解见透。巴陵、睦州，宗既不同，为什么答处皆显？英灵衲子，试请辨看。"

---

① 座主问白马、夹山事：《景德传灯录》卷十五："西川首座游方至白马，举华严教语问曰：'一尘含法界无边时如何？'白马曰：'如鸟二翼，如车二轮。'首座曰：'将谓禅门别有奇特事，元来不出教乘。'乃回本地，寻向夹山盛化，遣小师持前语而问师，师曰：'雕沙无镂玉之谭，结草乖道人之思。'小师回举似首座，首座乃赞：'将谓禅门与教意不殊，元来有奇特之事。'"（《大正藏》第51册，第324页上。）白马，指白马和尚，法嗣于南泉，在江陵。

第八十六则　赵州答话

举赵州示众云："今夜答话去也，有解问者出来。"惯开饭店子，不怕大肚汉。时有僧出，作礼。也是作家。州云："比来抛砖引玉，引得个墼子。"若不得这老汉，争辨得他真伪。法眼举问觉铁觜①："先师意作么生？"这老汉出世也为人，眼在什么处？觉云："如国家拜将，乃问：'甚人去得？'打葛藤去也。时有人出云：'某甲去得。'与这僧同参。云：'汝去不得。'赵州再生。"法眼云："我会也。"你道真个会，只是诈明头②。雪窦云："灵利汉，闻举便知落处。两个俱诈明头。虽然如此，放过觉铁觜。若不放过，向他道什么？大宗师语不虚发，出来必是作家，因什么抛砖引墼？若是雪窦，抛砖引得个什么？诸禅德，要识赵州么？看雪窦分疏不下。从前汗马无人见，只要重论盖代功。争奈杓柄在他手里。"

师云："德山小参不答话③与赵州小参答话，是同是别？又法

---

① 觉铁觜：是赵州从谂禅师的侍者，号称明眼。
② 明头：指明白的人。
③ 德山小参不答话：《景德传灯录》卷十五："师上堂曰：'今夜不得问话，问话者三十拄杖。'时有僧方礼拜，师乃打之。僧曰：'某甲话也未问，和尚因什么打某甲？'师曰：'汝是什么处人？'曰：'新罗人。'师曰：'汝未跨船舷时，便好与三十拄杖。'"（《大正藏》第51册，第317页中。）

眼问觉铁觜云云，又法眼是会来故问，要验觉铁觜。举庭前柏树子话，有者错会，无庭前柏树子话。举喻'是什么人去得'，云'某甲去得'，云'汝去不得'，更隔不得，若稍迟钝即不是。法眼云'我会也'，饮气吞声，因什么引得个壆子？雪窦弄险，末后忒煞老婆心切。从前汗马无人见，只要重论盖代功。"

第八十七则　耽源辞师

举耽源①辞国师归省觐马祖，于地上作一圆相，展坐具礼拜。已吃三十棒了也。祖云："子欲作佛去？"是何心行？源云："某甲不解捏目②。"宾主俱失。祖云："吾不如汝。"前箭犹轻后箭深。雪窦云："然猛虎不食其子，争奈来言不丰。若不是雪窦，也辨他不出。诸人要识耽源么？只是个藏身露影汉。朝打三千，暮打八百，未为分外。"

师云："这汉礼拜了便休，更画圆相作什么，有云'建立且喜勿交涉'。'吾不如汝'，此语最毒，宁可吃剑。'某甲不解捏目'，是来言不丰。"

---

① 耽源：即耽源应真禅师。
② 捏目：挤捏眼睛而产生幻视，似乎有花出现。比喻制造幻象，自欺欺人。

第八十八则　沩仰田中

举沩山问仰山："什处来？"箭锋洄险不可拄。仰云："田中来。"有话在。沩云："田中多少人？"不问争知。仰插锹子，叉手而立。撞壁磕墙，好劈耳掌。沩云："南山大有人刈茅。"左转右转。仰拈锹子便行。虽然见机而变，已与三十棒了也。玄沙云："我当时若见，便与踏倒锹子。"已是第二头。镜清云："不奈船何，打破戽斗。"果然！僧问明招①："古人意在插锹处，叉手处？"大有人恁么卜度。招唤："某甲！"瞌睡汉。僧应喏。寱语作么？招云："还曾梦见仰山么？"三生六十劫，也未梦见在。雪窦云："诸方老宿咸谓插锹话奇特也，大似随邪逐恶。若据雪窦见处，仰山被沩山一问，直得无绳自缚，去死十分。"也分疏不下，还有跳得出底么？也不消踏倒锹子便行。

师云："仰山插锹叉手，沩山当时，好与劈胸一踏，养子之缘，只道得个南山大有人刈茆。玄沙道：'我当时若见，便与踏倒锹子。'镜清道：'不奈船何，打破戽斗。'举德山《四家录》②，清八路事会，八面受敌。明招云'还曾梦见仰山么'，这

---

① 明招：即婺州明招德谦禅师，五代吴越时禅僧，嗣罗山道闲。后住婺州明招山，历四十年之久，禅语流布诸方，世称明招和尚。事迹见《五灯会元》卷八。（第439~441页）

② 《四家录》：共六卷，又称《马祖百丈黄檗临济四家录》《马祖四家录》。编者不详。收集马祖道一、百丈怀海、黄檗希运、临济义玄四位祖师的语录汇编而成。卷一为马祖道一的《江西马祖道一禅师语录》，卷二为百丈怀海的《洪州百丈山大智禅师语录》，卷三为百丈怀海的《百丈广录》，卷四为黄檗希运的《筠州黄檗山断际禅师传心法要》，卷五为黄檗希运的《黄檗断际禅师宛陵录》（附《裴相国传心偈》），卷六为临济义玄的《镇州临济惠照禅师语录》。收入《续藏经》。（《禅宗大词典》，第413页。）

个为之向上转。若论战也个个立在转处，亦不走向两头，亦不坐断两头。道得有出身处，又明得出古人意，活鲅鲅^①地，如虎戴角相似，雪窦一时拈却了也。仰山被沩山云云，还有救得仰山底么？打云：'过。'"

---

① 活鲅鲅：指生动自然的样子。鲅：鱼摆尾跳动的样子。

第八十九则　雪峰覆船

举雪峰问僧："近离什么处？"僧云："覆船①。"可惜许。峰云："生死海未渡，为什么覆船？"这老汉持聋作哑作什么？雪窦代云："久响雪峰！"待者②老汉拟议，拂袖便打。"好与三十棒。其僧当时无语，归举似覆船③，船云："何不道渠无生死？"打葛藤。僧再至雪峰举此语。传言送语汉。峰云："此不是你语。"验破了也，一场懡㦬。僧云："是覆船恁么道。"果然！峰云："我有二十棒寄与覆船，二十棒老僧自吃，不干阇黎事。"阎罗王不吞铁丸，诸鬼不怕，从自己胸襟流出，不妨奇特。雪窦云："能区能别，能杀能活。若也辨得，天下横行。"闹市里有一个半个，还辨得么？

---

① 覆船：即福州覆船山，在今福建惠安县西。
② 者：通"这"，这句话即"待这老汉拟议"。
③ 覆船：即福州覆船山洪荐禅师，五代禅僧，是石霜庆诸禅师法嗣，卒谥绍隆禅师。事迹见于《五灯会元》卷六。（第310~311页。）

师云："药山化主①到甘贽行者②云云，灌溪③到末山④云云，古人持聋作哑验人。雪窦云：'久响雪峰'云云，有双关意，有擒雪峰底钳锤，又有出覆船底活路。雪峰作么生便知是覆船语？我有二十棒云云，二十棒自吃，为人底宗匠，不惜眉毛，能区能别，能杀能活。"

---

① 化主：寺院的职事僧，专门从事出外游方募化，其募化所得，为寺院收入之一。亦称"供养主"。
② 甘贽行者：池州人，居士，南泉普愿禅师法嗣，常向寺庙施财。其妻女也像庞居士的妻女一样对禅宗颇为了解。
③ 灌溪：即鄂州灌溪志闲禅师，临济义玄禅师法嗣。
④ 末山：即瑞州末山尼了然禅师，高安大愚禅师法嗣。《五灯会元》卷四《末山尼了然禅师》："因灌溪闲和尚到，曰：'若相当即住，不然即推倒禅床。'便入堂内。师遣侍者问：'上座游山来？为佛法来？'溪曰：'为佛法来。'师乃升座。溪上参。师问：'上座今日离何处？'曰：'路口。'师曰：'何不盖却。'溪无对（末山代云'争得到这里？'）。始拜礼，问：'如何是末山？'师曰：'不露顶。'曰：'如何是末山主？'师曰：'非男女相。'溪乃喝曰：'何不变去。'师曰：'不是神，不是鬼，变个甚么？'溪于是伏膺，作园头三载。"（第249~250页。）

第九十则　保福扶犁

举保福问长庆："盘山道：'光境俱亡，复是何物？'面前背后。洞山云：'光境未亡，复是何物？'面前背后。据二老宿总未得剿绝，二老宿且置，阇黎又作么生得剿绝？作么生道得剿绝去？"毕竟由阿谁。庆良久。苍天！苍天！福云："情知汝向鬼窟里作活计。"这些子，天下衲僧若知，便请丹霄独步。庆云："你作么生？"理长即就。福云："两手扶犁水过膝。"当时也好与一拶。雪窦云："俱亡未亡总由我，保福因什么道未得剿绝？酌然能有几个？拄杖在什么处？诸人又作么生道，免得长庆在鬼窟里？用免作什么？柳絮随风，自西自东。泥里洗土块，尖上更加尖。"

师云："盘山垂语云云：'释迦老子常光一寻，诸人有多少？'福云：'情知你向鬼窟里作活计。'这些子不妨难会。'两手扶犁水过膝'，长庆当时也好向他道：'也是鬼窟里作活计。'若参得出，亲见保福。雪窦拈云：'酌然能有几个？'这里有个好处。末后着个理论，'柳絮随风，自西自东'，你且道是为诸人拈，且道是明长庆，且道是明保福？且道是明盘山，且道是明洞山？若知得落处，放行也由你，把定也由你。"

第九十一则　大梅鼯鼠

举大梅闻鼯鼠鸟①声，谓众云："即此物非他物。自领出去。汝善护持，吾当逝矣。自带累犹可，累他作什么？"雪窦云："这汉生前莽卤②，死后颠顸③。也有些子。即此物非他物是何物？打破漆桶，与你相见。还有分付处也无了？有般汉，不解截断大梅脚跟，只管道贪程太速。正在万里崖州。"

师云："大梅初参大寂④，问：'如何是佛？'大寂云：'即心是佛。'师即大悟。唐贞元中，居于天台山，余姚南七十里，梅子真旧隐⑤。时盐官会下一僧，入山采拄杖，迷路至庵所，问曰：'和尚在此山多少时也？'师曰：'只见四山青又黄。'师忽一日上堂云：'来莫可抑，去莫可追，从容间。'复闻鼯鼠鸟声，师云：

---

① 鼯鼠鸟：即大飞鼠，哺乳纲啮齿目鼯鼠科动物。前、后肢间有飞膜，能在林中滑翔。栖于东亚亚热带森林，古人误以为是鸟类。《尔雅·释鸟》："鼯鼠，夷由。"郭璞注："状如小狐，似蝙蝠肉翅，……飞且乳，亦谓之飞生，声如人呼。"揭傒斯有《题鼯鼠食瓜图》诗。
② 莽卤：粗疏，不精细。
③ 颠顸：糊涂而马虎。
④ 大寂：指马祖道一谥号"大寂禅师"。
⑤ 梅子真旧隐：《汉书·梅福传》："梅福字子真，九江寿春人也。少学长安，明《尚书》《穀梁春秋》，为郡文学，补南昌尉。""至元始中，王莽专政，福一朝弃妻子，去九江，至今传以为仙。其后，人有见福于会稽者，变名姓，为吴市门卒云。"（第2197~2205页。）余姚属于会稽郡，旧隐就是指旧时梅子真隐居的地方。

'即此物非他物。汝善护持,吾当逝矣。'言讫示灭。智觉禅师延寿①赞曰:'师初得道,即心即佛。最后示徒,物非他物。穷万法源,彻千圣骨。真化不移,何方出没?'鼯鼠,乃生死鸟也。什么处是莽卤处?是何物?雪窦与你提开。"

---

① 智觉禅师延寿:即永明延寿禅师,天台德韶国师的法嗣。《五灯会元》卷十:"杭州慧日永明延寿智觉禅师,余杭王氏子。总角之岁,归心佛乘。既冠,不茹荤,日唯一食。持《法华经》,七行俱下。才六旬,悉能诵之,感群羊跪听。年二十八,为华亭镇将,属翠岩参禅师迁止龙册寺,大阐玄化。时吴越文穆王知师慕道,乃从其志,遂礼翠岩为师,执劳供众,都忘身宰。衣不缯纩,食无重味。野蔬布襦,以遣朝夕。寻往天台山天柱峰,九旬习定,有鸟类斥鷃,巢于衣褶中。暨谒韶国师,一见而深器之,密授玄旨……师居永明十五载,度弟子一千七百人。开宝七年(974)入天台山度戒约万余人。常与七众授菩萨戒,夜施鬼神食,朝放诸生类,不可称算。六时散华行道,余力念《法华经》,计万三千部。著《宗镜录》一百卷,诗偈赋咏凡千万言,播于海外。高丽国王览师言教,遣使赍书,叙弟子之礼。奉金线织成袈裟、紫水精珠、金澡罐等。彼国僧三十六人,皆承印记,前后归本国,各化一方。开宝八年(975)十二月示疾。越二日焚香告众,跏趺而寂。塔于大慈山。(第604~605页)"

第九十二则　赵州般若

举赵州问大慈①："般若以何为体？"道什么？慈云："般若以何为体？"蹉过也不知。州呵呵大笑。天下衲僧跳不出。至来日州扫地次，大慈却问："般若以何为体？"穿过了也。州放下扫帚，呵呵大笑。天下衲僧跳不出。雪窦云："前来也笑，后来也笑，笑中有刀。杀得人，活得人。大慈还识么？莫管大慈，只诸人识么？直饶识得，未免丧身失命。阇黎性命在什么处？"

师云："杭州大慈和尚嗣马祖，一日赵州问：'般若以何为体？'慈云：'般若以何为体？'赵州笑大慈不是好心。至来日大慈要拔本，问赵州：'般若以何为体？'州放下扫帚笑，用揞旗夺鼓手脚，用得滑头。"

---

① 大慈：即杭州大慈寰中禅师。

第九十三则　德山托钵

举德山一日饭迟,自掌钵至法堂前,雪峰见云:"这老汉,钟未鸣,鼓未响,托钵向什么处去?"只知事逐眼前过,不觉老从头上来。山便回。且道是什么心行?峰举似岩头,是个汉始得。头云:"大小德山,不会末后句。"一个太慈悲,一个太落草。山闻,令侍者唤岩头至方丈问:"你不肯老僧那?"也是这两个老贼始得。岩头密启其意。你且道当时说什么?山至来日上堂与寻常不同。王三许与李八商量。岩头到僧堂前抚掌笑云:"且喜老汉会末后句,他后天下人不奈何。也是火里人作伴。虽然如是,只得三年。灵山授记未到如此。"明招代德山云:"咄!咄!没处去!没处去!"只见锥头利,不见凿头方。雪窦云:"曾闻说个独眼龙,元来只具一只眼。过在什么处?殊不知,德山是个无齿大虫,若不是岩头识破,争得明日与昨日不同。雪窦眼更亲。诸人要识末后句么?雪窦错下名言。只许老胡知,不许老胡会。头出头没,还我金刚王宝剑来。"

师云:"张无尽①颂:'鼓寂钟停托钵回,岩头一拶语如雷。果然只得三年活,莫是遭他授记来。'德山无语最毒。举羲上座来参,问:'或若心境一如底人来时如何云云?'举三圣参,云:'不用展炊巾②云云。'设有云云,休去举公案了。岩头云:'大小德山'下云云。当时若作雪峰,向他道什么免得岩头此语。且道是德山会不会?'岩头密启其意',此语好参。明招恁么道,要免岩头话,又却遭雪窦点捡。雪窦道:'明招则具一只眼也明在。'何故?不合平地上起骨堆③,什么处是只具一只眼处?什么处是岩头识破处?有底只管去今日明日处作活计。诸人要会末后句么?'只许老胡知,不许老胡会',也是灵龟曳尾。"

---

① 张无尽:即张商英(1043~1121),北宋蜀州新津人。字天觉,号无尽居士。自幼即锐气倜傥,日诵万言。初任通州主簿,一日入寺见藏经之卷册齐整,怫然曰:"吾孔圣之书,乃不及此。"欲著《无佛论》,后读《维摩经》有感,乃归信佛法。神宗时,受王安石推举入朝,大观年间,为尚书右仆射。未久因事谪于外,曾至五台山祈文殊像,有灵验,乃塑文殊像供奉于山寺,又撰发愿文。不久,值天大旱,入山祈雨,三度皆验,遂闻名于朝。又还僧寺田三百顷,致崇佛之诚。及迁江西运使,礼谒东林寺常总禅师,得其印可;复投兜率寺之从悦禅师,就岩头末后之句有所参究。绍圣初年,受召为左司谏,因上书论司马光、吕公著而左迁。又常诋当时宰相蔡京,故屡受贬。大观四年(1110)六月,天久旱,乃受命祈雨,晚忽雨,徽宗大喜,赐"商霖"二字。后受蔡京谗言,贬知河南府。宣和四年殁,世寿七十九,赐谥文忠,著有《护法论》一卷。
② 炊巾:盛饭、蒸馒头会用到的布巾。
③ 骨堆:又作"孤堆",常代指坟墓。

第九十四则　雪峰古镜

举雪峰一日见猕猴，乃云："这猕猴各各佩一面古镜。"这老汉平地上起骨堆作什么？三圣便问："历劫无名，何以彰为古镜？"已落他缠绕了也。峰云："瑕生也。"是两个草里汉。圣云："一千五百人善知识，话头也不识。"犹较些子。峰云："老僧住持事繁。"又怎么去。雪窦云："好与三十棒。过在什么处？这棒放过也好，元来识进退。免得将错就错。也是将错就错了也。"

师云："古镜阔一丈云云，人人有一面古镜。圣云'历劫无名，何以彰为古镜'，入理深谈。峰云'瑕生也'，雪峰为人在什么处？看他三圣作家，云'一千五百人善知识，话头也不识'，他顶门具眼，用本分作略，大丈夫汉须至恁么。不入虎穴争奈虎子，雪窦拈出来要人共知，云'好与三十棒'，又云'放过也好'，且道是什么道理？"

第九十五则　洞山衣钵

举僧问洞山："时时勤拂拭，莫使惹尘埃，为什么不得他衣钵？"钝滞祖师。山云："直饶道本来无一物，也未合得他衣钵，自救即得。且道什么人合得？他不曾作这般去就。"僧下九十六转语，皆不相契。力尽神疲。末后云："设使将来他亦不要。"且道他具个什么眼？洞山深肯。好与三十棒。雪窦云："他既不受，是眼将来底必应是瞎，酌然是瞎。还见祖师衣钵么？用祖师衣钵作什么？若于此入门，便乃两手分付，用入门作什么？非但大庾岭头一个提不起，设使阖国人来且款款地将去。只如阇黎，还见祖师衣钵么？"

师云："五祖①当时也是将错就错，权且分付，等他道本来无一物，好劈脊便打。作么生合得他衣钵？雪窦向头上道：'他既不受，是眼将来底必应是瞎。''设使将来他亦不要'，皆下语云云。善取不如恶取，今时人越道奇特语，展转不是云云。雪窦云：'将来底必应是瞎。'山僧道：'真个瞎意作么生？'若向这里得脱去，相次得他衣钵也。"

---

① 五祖：指五祖弘忍大师。

第九十六则　投子三星

举僧问投子："依俙①似半月，彷佛若三星。也是盐铁判官②。乾坤收不得，师于何处明？自屎不觉臭。"子云："道什么？"可惜许。僧云："想师只有湛水之波，且无滔天之浪。"招得他什么道。子云："闲言语。"泊合放过。雪窦云："投子古佛，不可道不知。酌然！若点捡将来，直是天地悬隔。只为他不用本分草料。才问，和声便打。也是第二头。"

师云："横铺三点，应天上之星辰；偃卧一钩，表海中之明月。举僧问龙牙③：'如何是本来心？'牙云：'道者，老僧二十年

---

① 依俙：同"依稀"，此处是仿佛、如同的意思。
② 盐铁判官：官名，掌盐铁政务及其税收。
③ 龙牙：即龙牙居遁禅师，洞山良价禅师法嗣。《禅林僧宝传》卷九《龙牙居遁禅师》："禅师名居遁，生于郭氏，抚州南城人也。年十四，依吉州满田寺剃落。又六年，诣嵩岳受具。遁风骨臞甚，视瞻凝远，性夷粹，语论英发。初谒翠微不契，至临济亦不契，乃造洞山悟本价禅师，问：'如何是祖师西来意？'价曰：'待洞水逆流即告汝道。'遁豁然大悟，研味其旨，悲欣交集，服勤八年，日增智证，价称其能。马氏方据有长沙，兴崇梵坊，闻遁名，请说法于龙牙法济禅寺……其对机峻峭无渗漏类如此。伪梁龙德五年（当为龙德三年，即 923 年）癸未八月示疾。九月十三日夜半，有大星殒于方丈前，诘旦加趺而化，阅世八十有九，坐六十有九夏。"（《卍新纂续藏经》第 79 册，第 509 页下～510 页上。）

也无。'举僧问大觉①:'龙牙道老僧二十年也无,意旨如何?'觉云:'罢拈三尺剑,休弄一张弓。'仁宗皇帝问大觉:'有节非干竹,三星绕月宫。一人居日下,弗与众人同。'诏阳云:'大哉!大哉!'投子云'闲言语',这语胜如行棒。雪窦云'投子是古佛',须知有行棒底正令,为什么却道'直是天地悬隔'。宗师眼目,要处辨个缁素,事须得恁么。"

---

① 大觉:即大觉怀琏禅师,泐潭怀澄法嗣。《禅林僧宝传》卷十八《大觉琏禅师》:"禅师名怀琏,字器之,漳州陈氏子也。初,其母祷于泗州僧伽像,求得之,故其小字泗州。幼有远韵,聪慧绝人。长为沙门,工翰墨,声称甚著。游方爱衡岳胜绝,馆于三生藏有年,丛林号琏三生。闻南昌石门澄禅师,五祖戒公之嫡子也,往拜谒,师事之十余年。去游庐山圆通,又掌书记于讷禅师所。皇祐二年(1050)正月,有诏住京师十方净因禅院。二月十九日,召对化成殿,问佛法大意,奏对称旨,赐号大觉禅师……琏虽以出世法度人,而持律严甚……治平(宋英宗年号)中,琏再乞还山坚甚,英宗皇帝留之不可,诏许自便。琏既渡江,少留于金山西湖,遂归老于四明之育王山广利寺。四明之人,相与出力,建大阁藏所赐诗颂,榜之曰宸奎。命翰林学士兼侍读端明殿学士苏轼,为之记。时京师始建宝文阁,诏取其副本藏焉。琏归山二十余年,年八十二,无疾而化。"(《卍新纂续藏经》第79册,第528页中~529页上。)

第九十七则　洛浦伏膺[1]

举洛浦久为临济侍者，到夹山，问："自远趋风，乞师一接。"已入他烟焰里了也。山云："目前无阇黎，此间无老僧。"抓钩搭擦。浦便喝。犹较些子。山云："住！住！阇黎！且莫草草匆匆。云月是同，溪山各异。"闪眼便着。截断天下人舌头即不无，争教无舌人解语？那里得这一落索来？"浦无对，可惜龙头蛇尾。山便打。打得不济事。雪窦云："这汉可悲可痛，钝滞他临济。也有些子。他既云月是同，我亦溪山各异，争奈贼过后张弓。说什么无舌人不解语，坐具劈口便搣。雪窦为旁人按剑。夹山若是个知方[2]汉，必然明窗下安排。总若便截却舌头又作么生？"

师云："洛浦是赵州銮城[3]人，初参临济，济问：'近离甚处？'云：'銮城。'济云：'有事相借问得否？'云：'元安不会。'济云：'打破大唐国里，觅个不会底人难得。'兴化为侍者，乃云：'和尚怎么勘僧，如将弹弓就地上弹死雀儿，有什么用处？'济云：'你又作么生？'化云：'何不道老僧罪过。'后浦为

---

① 伏膺：同"服膺"，衷心佩服。
② 知方：同"通方"，通达契道。
③ 赵州銮城：即赵州栾城。

侍者，济勘一座主：'有一人于三乘十二分教明得，有一人于三乘十二分教明不得，且道是同是别？'主云：'明得即同，明不得即别。'浦云：'这里是什么所在，说同说别？'济休去。座主去后，济回却问：'适来是你什么祇对？'浦便喝，济便打云云。传明①初承嗣石楼②，住京口举公案'争奈无舌人能解语？'兴化闻云：'但知作佛，愁什么众生。'有云：'临济为他致见洛浦如此。'殊不知神方秘诀，父子不传，自是洛浦承当处莽卤，雪窦忍俊不禁，为他临济雪屈。"

---

① 传明：《卍新纂续藏经》本在"传明"两字之间有一"口"。夹批有："一作灯：《从容录》伏膺评云：'《佛果击节录》云传明初嗣石楼。'兹知'灯'字衍，传灯无嗣石楼文。"《万松老人评唱天童觉和尚颂古从容庵录》"洛浦伏膺"一则中有"师云：'祖灯诸录皆云夹山未见舡子时已出世，住润州京口竹林，而不著嗣法师名。独《佛果击节》云传明初嗣石楼，即汾州石楼也。传明即夹山谥号。"（《大正藏》第48册，第250页下。）
② 石楼：即汾州石楼禅师，南岳石头希迁禅师法嗣，生平不详。(见《五灯会元》卷五。)

第九十八则　香严仙陀

举僧问香严："如何是王索仙陀婆①？"山僧不曾要人点茶。严云："过这边来。"未解应在。雪窦云："钝滞杀人。"也有些子。僧又问赵州："王索仙陀婆时如何？"应喏。州乃曲躬叉手。也是两重公案。雪窦云："索盐奉马。"从古判到如今。

师云："此语在敲磕转处些子。'如何是王索仙陀婆？'且道在宾家处，在主家处？若辨得出，方具参学眼。"

---

① 仙陀婆：同"先陀婆"，见《大般涅槃经》卷九："善男子，如来密语甚深难解。譬如大王告诸群臣先陀婆来，先陀婆者，一名四实：一者盐，二者器，三者水，四者马。如是四法，皆同此名。有智之臣，善知此名。若王洗时索先陀婆，即便奉水；若王食时索先陀婆，即便奉盐；若王食已将欲饮浆索先陀婆，即便奉器；若王欲游索先陀婆，即便奉马。如是智臣善解大王四种密语。"（《大正藏》第12册;《大般涅槃经》，第421页上。）

第九十九则　风穴离微

举僧问风穴："语默涉离微①，如何通不犯？"斩！穴云："长忆江南三月里，鹧鸪啼处百花鲜。"隔！曾有僧问雪窦，雪窦对他道："劈腹剜心，又且如何？"着！复云："因风吹火，别是一家。少卖弄。伤鳖恕龟，必应有主。须还古人始得。"

师云："《宝藏论》'语默涉离微'，'路逢达道人，不将语默对'，意虽一般，言有巧拙。'语默涉离微'，穴云'长忆江南三月里，鹧鸪啼处百花鲜'，且道是答他不答他？若道是答他话，有什么交涉？若道信口答他去，又作么生得应机去？但于事上觅，莫向句中求。雪窦云'劈腹剜心，又且如何'，与趯倒茶炉话同。复拈'因风吹火，别是一家'，风穴答话，他随后答一转语，'伤鳖恕龟，必应有主'。临济下有四宾主句，全主到来放行，却答他有全主即放行。"

---

① 离微：法性之体，离诸相而寂灭无余，谓之离；法性之用，微妙不可思议，谓之微。《宝藏论·离微体净品》（大四五·一四七上）："无眼无耳谓之离，有见有闻谓之微；无我无造谓之离，有智有用谓之微；无心无意谓之离，有通有达谓之微。又离者涅槃，微者般若；般若故兴大用，涅槃故寂灭无余；无余故烦恼永尽，大用故圣化无穷。"

第一百则　古德沙水

举古①云："眼里着沙不得，耳里着水不得。打净洁球子。忽若有个汉，信得及，把得住，不受人瞒。虽然不是本色衲子，放过一着，只恐不恁么。佛祖言教，是什么热碗鸣声？却有个奇特处。便请高挂钵囊，拗折拄杖，也是做得去始得。管取一员无事道人。是则是，犹有这个在。"又云："眼里着得须弥山，耳里着得大海水，却是个作家汉。一般受人商量。和光顺物有什么难？佛祖言教，如龙得水，似虎靠山，谩得你千个万个。却须挑起钵囊，横担拄杖，走杀阇黎。亦是一员无事道人。脚跟下已与三十棒了也。"复云："恁么也不得，不恁么也不得，雪窦方始寻得屋里路。然后没交涉。自知较一半。三员无事道人中，要选一人为师。一时赶向无生国里，阇黎也不要打。"

师云："说禅说道，是什么热碗鸣声？若恁么说话，无事禅底却有出气处，毕竟是那个不堪为师？打迭前后教成一片，方见雪窦拈古。你若随这三个不唧嚼汉，赚杀一生人去，却作么生？汝等诸人，各各讨一条活路始得。"

---

① 古：指雪窦禅师。

附 录

《雪窦拈古》[①]

师举德山示众云:"今夜不答话,问话者三十棒。"时有僧出礼拜,山便打。僧云:"某甲话也未问。"山云:"尔是甚处人?"云:"新罗人。"山云:"未踏船舷,好与三十棒。"法眼拈云:"大小德山,话作两橛。"圆明道:"大小德山,龙头蛇尾。"师云:"二老宿,虽善裁长补短,舍重从轻,要见德山亦未可,何故?德山大似握阃外威权,有当断不断不招其乱底剑。诸人要识新罗僧么?只是撞着露柱底个瞎汉。"

举雪峰一日普请,自负一束藤,路逢一僧,峰便抛下。僧方拟取,峰便踏倒。归举似长生,乃云:"我今日踏者僧快。"生云:"和尚替者僧入涅槃堂始得。"峰便休去。师云:"长生大似东家人死,西家助哀,也好与一踏。"

举百丈再参马祖,侍立次,祖以目视禅床角头拂子。丈云:

[①] 《雪窦拈古》:所用的版本为《大正藏》第47册《明觉禅师语录》卷三的"拈古"部分。

"即此用，离此用。"祖云："尔他后开两片皮，将何为人？"丈取拂子竖起。祖云："即此用，离此用。"丈挂拂子于旧处，祖便喝，百丈直得三日耳聋。师云："奇怪！诸禅德，如今列其派者甚多，究其源者极少。总道百丈于喝下大悟，还端的也无？然刁刀相似，鱼鲁参差，若是明眼汉，瞒他一点不得。只如马祖道：'尔他后开两片皮，将何为人？'百丈竖起拂子，为复如虫御木，为复啐啄同时？诸人要会三日耳聋么？大冶精金，应无变色。"

举崇寿指凳子云："识得凳子，周匝有余。"云门云："识得凳子，天地悬殊。"师云："泽广藏山，理能伏豹。"

举永嘉大师到六祖，绕禅床三匝，振锡一下，卓然而立。祖云："夫沙门具三千威仪，八万细行。大德从何方而来，生大我慢？"师便喝，乃云："当时若下得者一喝，免见龙头蛇尾。"又再举绕禅床三匝，振锡一下，卓然而立，代祖师云："未到曹溪，与尔三十棒了也。"

举仰山指雪师子云："还有过得此色者么？"云门云："当时便与推倒。"师云："只解推倒，不能扶起。"

举香严垂语云："如人上树，口衔树枝，手不攀枝，脚不踏树。树下有人问西来意，不对则违他所问，若对又丧身失命，当恁时，作么生即是？"有虎头上座云："上树即不问，未上树请和尚道。"严呵呵大笑。师云："树上道即易，树下道即难。老僧上树也，致将一问来。"

举僧问鲁祖："如何是不言言？"祖云："尔口在什么处？"僧云："某甲无口。"祖云："将什么吃饭？"僧无语。师云："好劈脊便棒，者般汉开口了合不得，合口了开不得。"

举僧问雪峰："古涧寒泉时如何？"峰云："瞪目不见底。"僧云："饮者如何？"峰云："不从口入。"僧举到赵州，州云："不可从鼻孔里入。"僧却问赵州："古涧寒泉时如何？"州云："苦。"云："饮者如何？"州云："死。"雪峰闻举云："赵州古佛。"从此不答话。师云："众中总道雪峰不出者僧问头，所以赵州不肯。如斯话会，深屈古人，雪窦即不然。斩钉截铁，本分宗师；就下平高，难为作者。"

举僧问西堂和尚："有问有答，宾主历然，无问无答时如何？"堂云："怕烂却去那。"僧问长庆："有问有答，宾主历然，无问无答时如何？"庆云："相逢尽道休官去，林下何曾见一人？"师云："何不与本分草料。"

举临济示众云："我于先师处，三度吃六十棒，如蒿枝子拂相似。如今思一顿棒吃，谁为下手？"僧出众云："某甲下手。"济拈棒与僧，僧拟接，便打。师云："临济放处较危，收来太速。"

举钦山一日上堂，竖起拳又开云："开即为掌，五指参差。"复握云："如今为拳，必无高下。还有商量也无？"一僧出众竖起拳，山云："尔只是个无开合汉。"师云："雪窦即不然。"乃竖起拳云："握则为拳，有高有下。"复开云："开则成掌，无党无偏。且道放开为人好，把定为人好？开也造车，握也合辙。若谓闭门造车，出门合辙。我也知尔向鬼窟里作活计。"

举僧问睦州："高揖释迦不拜弥勒时如何？"州云："昨日有人问，赶出了也。"僧云："和尚恐某甲不实。"州云："拄杖不在，苕帚柄聊与三十。"师云："睦州只有受璧之心，且无割城之意。"

举枣树问僧："近离甚处？"云："汉国。"树云："天子还重佛法也无？"僧云："苦哉！赖值问着某甲，问着别人即祸生。"云："作个什么？"僧云："人尚不见有，何佛法可重？"云："阇黎受戒多少时？"僧云："二十夏。"云："大好不见有人。"便打。师云："者僧棒即吃，要且去不再来。枣树令虽行，争奈无风浪起。"

举赵州问婆子："什么处去？"云："偷赵州笋去。"州云："忽遇赵州又作么生？"婆子便掌，州便休去。师云："好掌！更下两掌也无勘处。"

举保寿开堂日三圣推出一僧，寿便打。圣云："恁么为人，瞎却镇州一城人眼去在。"寿便归方丈。师云："保寿、三圣虽发明临济正法眼藏，要且只解无佛处称尊，当时者僧若是个汉，才被推出，便掀倒禅床。直饶保寿全机，也较三千里。"

举无业马祖。僧问："如何是佛？"云："莫妄想。"师云："塞却鼻孔。"又问："如何是佛？"云："即心是佛。"师云："拄却舌头。"

举僧问德山："从上诸圣什么处去？"山云："作么？作么？"僧云："敕点飞龙马，跛鳖出头来。"山便休去。至来日山浴出，其僧过茶与德山，山抚僧背一下。僧云："者老汉方始瞥地。"师云："然精金百炼，须要本分钳锤。德山既以己方人，者僧还同受屈。"以拄杖一划云："适来公案且致，从上诸圣什么处去？"大众拟议，师一时打趁。

举保福签瓜次，太原孚上座到来。福云："道得与尔瓜吃。"孚云："把将来。"福度一片瓜与孚，孚接得便去。师云："虽是死蛇，解弄也活。谁是好手者，试请辩看。"

举南泉示众云："道非物外，物外非道。"赵州出问："如何是物外道？"泉便打，州云："和尚莫打某甲，向后错打人去在。"泉云："龙蛇易辩，衲子难瞒。"师云："赵州如龙无角，似蛇有足，当时不管，尽法无民，直须吃棒了趁出。"

举洞山到云门,门问:"近离甚处?"山云:"查渡。"云:"夏在甚处?"山云:"湖南报慈。"云:"甚时离?"山云:"去年八月。"门云:"放尔三顿棒。"山至来日却上问讯:"昨日蒙和尚放三顿棒,不知过在什么处?"门云:"饭袋子,江西湖南便恁么去?"山于此大悟。师云:"云门气宇如王,拶着便冰消瓦解,当时若据令而行,子孙也未到断绝。"

举一僧参马大师,师画一圆相云:"入也打,不入也打。"僧便入,师便打,僧云:"和尚打某甲不得。"大师靠却拄杖休去。师云:"二俱不了,和尚打某甲不得,靠却拄杖,拟议不来,劈脊便打。"

举兴化问克宾维那:"不久为唱道之首。"宾云:"不入者保社。"化云:"会来不入,不会不入。"宾云:"没交涉。"化便打,乃云:"克宾维那法战不胜,罚钱五贯,充设饡饭。"至来日斋时,兴化自白槌云:"克宾维那法战不胜,不得吃饭,即便赶出。"师云:"克宾要承嗣兴化,罚钱出院且致,却须索取者一顿棒始得。且问诸人,棒既吃了,作么生索?雪窦要断不平之事,今夜与克宾维那雪屈,以拄杖一时打散。"

举僧问长庆:"众手淘金,谁是得者?"庆云:"有伎俩者得。"僧云:"学人还得也无?"庆云:"大远在。"师代者僧,当时便喝。复云:"有伎俩者得,一手分付;有伎俩者不得,两手分付。学人还得也无?苍天!苍天!"

举大慈示众云:"山僧不解答话,只是识病。"时有僧出,大慈便归方丈。师云:"大凡扶竖宗乘,须辨个得失。且大慈识病不答话,时有僧出便归方丈。雪窦识病不答话,或有僧出,劈脊便打。诸方识病不答话,有僧出,必然别有长处。敢有一个动着,大唐天子只三人。"

举赵州到黄檗,檗见来便关却方丈。州云:"救火!救火!"黄檗便出擒住云:"道!道!"州云:"贼过后张弓。"师云:"直是好笑,笑须三十年。"忽有个衲僧问:"雪窦笑个什么?"笑贼过后张弓。

举僧问镜清:"学人未达其源,乞师方便。"清云:"是什么?"源云:"其源。"清云:"若是其源,争受方便。"师云:"死水里浸却,有什么用处?"侍者问:"适来成禠伊。"清云:"无。"侍者云:"不成禠伊。"清云:"无。"侍者云:"和尚尊意如何?"清云:"一点水墨,两处成龙。"师云:"犹较些子,雪窦不是减镜清威光,要与者僧相见。'是什么源?''其源。'三十年后与尔三十棒。"

举僧问香林:"如何是衲衣下事?"林云:"腊月火烧山。"师云:"腊月烧山,万种千般。翘松鹤冷,踏雪人寒。达磨不会,大难大难。"

举本仁和尚示众云："寻常不欲向声前句后，鼓弄人家男女，何故？且声不是声，色不是色。"时有僧问："如何是声不是声？"仁云："唤作色得么？"云："如何是色不是色？"仁云："唤作声得么？"僧礼拜。仁云："且道，为汝说答汝话，若人辨得，有个入处。"师云："本仁也甚奇怪，要且贪观天上，既非声前句后，且作么生入？"

举云门示众云："老胡生下，一手指天，一手指地，周行七步，目顾四方，天上天下，唯我独尊。当时若见，一棒打杀与狗吃却，贵图天下太平。"师云："便与掀倒禅床。"

举国师三唤侍者，点即不到，侍者三应；到即不点，将谓吾辜负汝，谁知汝辜负吾。瞒雪窦不得。云门道："作么生是国师辜负侍者处？会得也是无端。"师云："元来不会，作么生是侍者辜负国师？粉骨碎身未报得。"师云："无端！无端！"

复举僧问投子："国师三唤侍者意旨如何？"投子云："抑逼人作么？"师云："垛根汉。"僧问兴化，化云："一盲引众盲。"师云："端的瞎。"僧问玄沙，沙云："侍者却会。"师云："停囚长智。"僧问赵州，州云："如人暗中书字，字虽不成，文彩已彰。"师便喝。僧问雪窦，雪窦便打，也要诸方点捡，乃成颂云："师资会遇意非轻，无事相将草里行。负汝负吾人莫问，任从天下竞头争。"

举僧问智门和尚："如何是佛？"云："踏破草鞋赤脚走。"僧云："如何是佛向上事？"云："拄杖头上挑日月。"师云："千兵易得，一将难求。"

举师祖问南泉："摩尼珠人不识，如来藏里亲收得。如何是如来藏？"云："王老师与尔往来者是藏。"师云："草里汉。"祖云："不往不来者，云亦是藏。"师云："雪上加霜。"祖云："如何是珠？"师云："险！百尺竿头作伎俩，不是好手。者里着得个眼，宾主互换，便能深入虎穴。或不湣么，纵饶师祖悟去，也是龙头蛇尾汉。"

举僧礼拜雪峰，峰打五棒。僧云："某甲有什么过？"峰又打五棒。师云："雪窦不曾与人葛藤，前五棒，日照天临；后五棒，云腾致雨。尔若辩得，也好与五棒。"

举马大师令智藏驰书上径山，山接书开见一圆相，于中下一点。国师闻举云："钦师犹被马师惑。"师云："径山被惑且致，若将呈似国师，别作个什么伎俩，免被惑去。"有老宿云："当时坐却便休。"亦有道："但与划破。"若与么，只是不识着。敢谓天下老师，各具金刚眼睛广作神通变化还免得么？雪窦见处也要诸人共知，只者马师当时画出，早自惑了也。

举镜清问僧："赵州吃茶去，尔作么生会？"僧便出去。清云："邯郸学步。"师云："者僧不是邯郸人，为什么学唐步？若辩得出，与尔茶吃。"

举僧问云门："如何是法身向上事？"云："向上与尔道即不难，作么生会法身？"僧云："请和尚鉴。"云："鉴即且致，作么生会法身？"僧云："与么！与么！"云："者个是长连床上学得底，我且问尔法身还吃饭么？"僧无语。师云："将成九仞之山，不进一篑之土，过在什么处？"

举赵州访茱萸，才上法堂，茱萸云："看箭！"州亦云："看箭！"茱萸云："过！"州云："中！"师云："二俱作家，盖是茱萸赵州；二俱不作家，箭锋不相拄。直饶齐发齐中，也只是个射垛汉。"

举临济与普化去施主家斋，济问："毛吞巨海，芥纳须弥。为复是神通妙用，为复法尔如然？"化踢倒饭床。济云："太粗生。"化云："者里是甚所在，说粗说细。"济休去。至来日又同赴一施主斋，济复问："今日供养何似昨日？"化又踢倒饭床。济云："太粗生。"化云："瞎汉佛法说什么粗细。"济吐舌。师云："两个老贼吃饭也不了，好与二十棒。棒虽行，且那个是正贼？"

举三角示众云："若论此事，贬上眉毛早是蹉过。"麻谷出云："蹉过即不问，如何是此事？"角云："蹉过。"谷便掀倒禅床，三角便打。师云："两个有头无尾汉，眉毛未曾贬上，说什么此事蹉过。"有僧问："眉毛为什么不贬上？"师便打。

举睦州唤僧："大德。"僧回首，州云："担板汉。"师云："睦州只具一只眼，何故？者僧唤既回头，因甚却成担板？"

举岩头参德山，跨门便问："是凡是圣？"德山便喝，岩头便礼拜。洞山闻举云："若不是奯公，大难承当。"岩头云："洞山老汉不识好恶，我当时一手抬一手搦。"师云："然则德山门下，草偃风行。要且不能塞断人口，当时才礼拜，劈脊便打。非唯剿绝洞山，亦乃把定奯老，还会么？李将军有嘉声在，不得封侯也是闲。"

举巴陵示众："祖师道：'不是风动，不是幡动。'既不是幡，风向什么处着？有人与祖师作主，出来与巴陵相见。"师云："雪窦道风动幡动。"既是风幡，向甚处着？有人与巴陵作主，亦出来与雪窦相见。"

举则川与庞居士摘茶次，士云："法界不容身，师还见我么？"川云："若不是老师，洎与庞公答话。"士云："有问有答，盖是寻常。"川不管。士云："适来莫怪相借问么？"川亦不管。士喝云："者无礼仪汉！待我一一举似明眼人去在。"川拈茶篮便归。师云："则川只解把定封疆，不能同生同死。当时好与掠下幞头，谁敢唤作庞居士！"

举僧问云门："一言道尽时如何？"门云："裂破。"师弹指三下。

举僧问睦州："一言道尽时如何？"州云："老僧在尔钵囊里。"师呵呵大笑。

举本生和尚以拄杖示众云："我若拈起，尔便向未拈起时作道理；我若不拈起，尔便向拈起时作主宰。且道老僧为人在甚处？"时有僧出云："不敢妄生节目。"生云："也知阇黎不分外。"僧云："低低处平之有余，高高处观之不足。"生云："节目上更生节目。"僧无语。生云："掩鼻偷香，空招罪犯。"师云："者僧也善能切磋，争奈弓折箭尽。然虽如此，且本生是作家宗师，拈起也天回地转，应须拱手归降；放下也草偃风行，必合全身远害。还见本生为人处也无？"师复拈起拄杖云："太平本是将军致，不许将军见太平。"

举僧问雪峰："声闻人见性，如夜见月；菩萨人见性，如昼见日。未审和尚见性如何？"峰打三下。其僧复问岩头，岩头打三掌。师云："应病设药，且与三下，若据令而行，合打多少。"

举太原孚上座参雪峰，至法堂上顾视，雪峰便下看知事。师云："一千五百人作家宗师，被孚老一觑，便高竖降旗。"孚至来日入方丈云："昨日触忤和尚。"峰云："知是般事，便休。"师云："果然。僧问云门：'作么生是触忤处？'门便打。"师云："打得百千万个，有什么用处？直须尽大地人吃棒，方可扶竖雪峰,且道太原孚具什么眼?"

举安国问僧:"得之于心,伊兰作栴檀之树;失之于旨,甘露乃蒺藜之园。我要个语具得失两意。"僧竖起拳云:"不可唤作拳头。"国云:"只为唤作拳头。"师云:"无绳自缚汉,拳头也不识。"

举僧请益云门大师玄沙三种病人话,门云:"尔礼拜着。"僧礼拜起,门以拄杖便挃,僧退后,门云:"尔不是患盲。"复唤近前来,僧近前,门云:"尔不是患聋。"乃云:"还会么?"僧云:"不会。"门云:"尔不是患哑。"僧于此有省。师便喝云:"者盲聋暗哑汉,若不是云门,驴年去。如今有底或拈槌竖拂不管,教近前又不来,还会么?不应诸方还奈何得么?雪窦若不奈何,尔者一队驴汉,又堪作个什么?以拄杖一时打趁。"

举僧问香严:"如何是王索仙陀婆?"严云:"过者边来。"师云:"钝致杀人。"僧问赵州:"王索仙陀婆时如何?"州曲躬叉手。师云:"索盐奉马。"

举鼓山示众云:"若论此事,如一口剑。"时有僧问:"承和尚有言'若论此事,如一口剑'。和尚是死尸,学人是死尸,如何是剑?"山云:"拖出者死尸。"僧应诺,归衣钵下,打撰便行。山至晚问首座:"问话僧在否?"座云:"当时便去也。"山云:"好与二十棒。"师云:"诸方老宿总道鼓山失却一只眼,殊不知,重赏之下必有勇夫。然虽如此,若仔细点捡来,未免一时埋却。"

举睦州问武陵长老:"'了即毛端吞巨海,始知大地一微尘'作么生?"云:"和尚问谁?"州云:"问长老。"云:"何不领话?"州云:"我不领话,尔不领话?"师云:"堕也!堕也!"复云:"者葛藤老汉好与划断。"拈拄杖云:"什么处去也?"

举仰山坐次,大禅佛到,翘一足云:"西天二十八祖亦如是,唐土六祖亦如是,和尚亦如是,某甲亦如是。"山下禅床打四藤条。师云:"藤条未到打折,因什么只与四下?须是个斩钉截铁汉始得。"大禅后到霍山自云:"集云峰下四藤条,天下大禅佛参。"山云:"打钟着。"禅便走。师云:"者汉虽见机而变,争奈有头无尾。"

举玄沙与天龙入山见虎。龙云:"前面是虎。"沙云:"是汝。"师云:"要与人天为师,前面端的是虎。"

举南泉山下有一庵主,行僧经过谓庵主云:"近日南泉和尚出世,何不去礼拜?"主云:"非但南泉,直饶千佛出世,亦不能去。"泉闻令赵州去看。州见便礼拜,主不管;州从西过东,主亦不管;州又从东过西,主亦不管。州云:"草贼大败!"拽下帘子便行。归举似南泉,泉云:"从来疑着这汉。"师云:"大小南泉赵州,被个担板汉勘破了也。"

举僧问风穴:"语默涉离微,如何通不犯?"穴云:"常忆江南三月里,鹧鸪啼处百华鲜。"曾有僧问雪窦,对他道:"劈腹剜心,又且如何?"复云:"因风吹火,别是一家。伤鳖恕龟,必应有主。"

举岩头、雪峰、钦山到德山,钦山问:"天皇也恁么道,龙潭也恁么道,未审德山作么生道?"山云:"尔试举天皇龙潭底看。"钦山拟议,德山便打。钦山被打,归延寿堂云:"是即是,打我太煞。"岩头云:"尔恁么,他后不得道见德山。"师云:"诸禅德!钦山致个问端,甚是奇特,争奈龙头蛇尾。'尔试举天皇龙潭底看',坐具便搊。大丈夫汉,捋虎须也是本分。他既不能,德山令行一半,令若尽行,雪峰、岩头总是涅槃堂里汉。"

举僧问智门和尚:"如何是般若体?"云:"蚌含明月。"僧云:"如何是般若用?"云:"兔子怀胎。"师云:"非唯把定世界,亦乃安贴邦家。若善能参详,便请丹霄独步。"

举乌臼有玄、绍二上座到。臼云:"二禅伯,近离甚处?"云:"江西。"臼便打。僧云:"久闻和尚有此机要。"臼云:"尔既不会,第二个近前来。"僧拟议,臼亦打,云:"同坑无异土,参堂去。"师云:"宗师眼目,须至恁么,如金翅擘海直取龙吞。有般汉眼目未辨东西,拄杖不知颠倒,只管说照用同时,人境俱夺。"

举僧辞大随,随问:"甚处去?"云:"峨眉礼拜普贤去。"随竖起拂子云:"文殊、普贤总在者里。"僧画一圆相抛于背后,随云:"侍者将一贴茶与者僧。"云门别云:"西天斩头截臂,者里自领出去。"师云:"杀人刀活人剑,具眼底辩取。"

举雪峰问僧:"见说大德曾为天使来是否?"云:"不敢。"峰云:"争解与么来?"僧云:"仰慕道德,岂惮关山。"峰云:"汝犹醉在。出去!"僧便出,峰乃召:"大德!"僧回首,峰云:"是什么?"僧亦云:"是什么?"峰云:"者漆桶。"僧无语。峰却顾谓镜清云:"好个师僧,向漆桶里着到。"清云:"和尚岂不是据款结案。"峰云:"也是我寻常用底。忽若唤回'是什么',被他道'者漆桶',又作么生?"清云:"成何道理?"峰云:"我与么及伊,尔又道据款结案。他与么及我,又道成何道理。一等是什么时节,其间有得不得。"清云:"不见道'醍醐上味,为世所珍。遇此之人,翻成毒药'。"师云:"看他父子相投,言气相合。知者谓粉骨碎身,此恩难报;不知者谓扶高抑下,临危悚人。毒药醍醐,千载龟鉴,还会么?者漆桶!"

举僧问大梅:"如何是祖师西来意?"梅云:"西来无意。"僧举到盐官,云:"一个棺材两个死汉。"玄沙闻举云:"盐官是作家。"师云:"三个也得。"

举云门问新罗僧:"尔是甚处人?"云:"新罗人。"门云:"将什么过海?"云:"草贼大败!"门云:"为什么在我手里?"

云:"恰是。"门云:"一任敦趂。"师云:"云门老汉龙头蛇尾,放过者僧。'为什么在我手里?''恰是。'劈脊便打。"

举北禅问僧:"近离甚处?"云:"黄州。"禅云:"夏在甚处?"云:"资福。"禅云:"福将何资?"云:"两重公案。"禅云:"争奈在我手里?"云:"在手里即收取。"禅便打。者僧不甘,随后趂出。师云:"奇怪!宛有超师之作,还知者僧么?只解贪前不能顾后,若在雪窦手里,棒折也未放在。"

举睦州示众云:"我见百丈不识好恶,大众方集,以拄杖一时打下。"复召,大众回首,丈云:"是什么?有什么共语处?"黄檗和尚,大众方集,以拄杖一时打下。复召,大众回首,檗云:"月似弯弓,少雨多风,犹较些子!"师云:"说什么犹较?直是未在。若据雪窦,众集一时打下便休。或有个无孔铁槌,为众竭力善能担荷,可以笼罩古今,乾坤把断。"师蓦拈拄杖云:"放过一着。"

举玄沙见鼓山来,作一圆相。山云:"人人出者个不得。"沙云:"情知尔向驴胎马腹里作活计。"山云:"和尚又作么生?"玄沙:"人人出者个不得。"山云:"和尚怎么道得?某甲为什么不得?"沙云:"我得尔不得。"师云:"只解贪观白浪,不知失却手桡。"

举南泉示众云:"王老师卖身去也,还有人买么?"一僧出众云:"某甲买。"泉云:"不作贵不作贱,作么生买?"僧无语。卧龙代云:"和尚属某甲。"禾山云:"是何道理?"赵州云:"明年与和尚作领布衫。"师云:"虽然作家竞买,要且不解输机。且道南泉还肯么?雪窦也拟酬个价直,令南泉进且无门退亦无地。'不作贵不作贱,作么生买?'别处容和尚不得。"

举茱萸把一橛竹上堂云:"还有虚空里钉得橛么?"时有灵虚上座出云:"虚空是橛。"茱萸便打,虚云:"莫错打某甲。"茱萸休去。师云:"若要此话大行,直须打了趁出。"

举夹山与定山同行言话次,定山云:"生死中无佛则无生死。"夹山云:"生死中有佛则不迷生死。"互相不肯,同上大梅,相见了,具说前事。夹山问:"未审那个亲那个疏?"梅云:"一亲一疏。"山又问:"那个亲?"梅云:"且去,明日来。"夹山至来日又问:"未审那个亲?"梅云:"亲者不问,问者不亲。"夹山住后云:"我当时在大梅失却一只眼。"师云:"夹山毕竟不知换得一只眼。大梅老汉当时闻举,若以棒一时打出,岂止划断两人葛藤,亦乃为天下宗匠。"

举僧问保福:"雪峰平生有何言句,得似羚羊挂角时?"福云:"我不可作雪峰弟子不得。"师云:"一千五百个布衲,保福较些些子。"

举僧问长庆:"羚羊未挂角时如何?"庆云:"草里汉。"云:

"挂角后如何？"庆云："乱叫唤。"云："毕竟如何？"庆云："驴事未了，马事到来。"师云："宁可碎身若微尘，终不瞎个众生眼。长庆较些些子。"复云："一般汉设使羚羊未挂角，也似万里望乡关。"

举僧问巴陵祖意教意同别，陵云："鸡寒上树，鸭寒下水。"僧问睦州祖意教意同别，州云："青山自青山，白云自白云。"师云："问既一般，答亦相似。其中有利他自利，瞒人自瞒。若检点分明，管取解空第一。"

举赵州示众云："今夜答话去，有解问者出来。"时有僧出，州云："比来抛砖引玉，引得个墼子。"法眼和尚遂乃举问觉铁觜："先师意作么生？"觉云："如国家拜将，乃问：'甚人去得？'时有人出云：'某甲去得。'云：'尔去不得'。"法眼云："我会也。"师云："灵利汉闻举便知落处。然虽如此，放过觉铁觜。夫宗师语不虚发，出来必是作家，因什么抛砖引墼？诸禅德要识赵州么？从前汗马无人见，只要重论盖代功。"

举耽源辞国师，归省觐马祖，于地上作一圆相，展坐具礼拜。祖云："子欲作佛去？"源云："某甲不解捏目。"祖云："吾不如汝。"师云："然猛虎不食其子，争奈来言不丰。诸人要识耽源么？只是个藏身露影汉。"

举沩山问仰山："甚处来？"云："田中来。"沩云："田中多少人？”山插下锹子，叉手而立。沩云：“南山大有人刈茆。”山拈得锹子便行。玄沙云：“我当时若见，与踏倒锹子。”镜清云：“不奈船何，打破戽斗。”僧问明招：“古人意在插锹处，叉手处？”招唤：“某甲！”僧应诺。招云：“还曾梦见仰山么？”师云：“诸方老宿咸谓插锹话奇特，也大似随邪逐恶。若据雪窦见处，仰山被沩山一问，真得草绳自缚，去死十分。”

举玄沙问僧：“近离甚处？”云：“瑞岩。”沙云：“瑞岩有何言句？”僧云：“长唤主人翁，自云诺，醒醒着，他后莫受人瞒。”沙云：“一等是弄精魂，甚奇怪！”却云：“何不且在彼中？”僧云：“瑞岩迁化也。”沙云：“如今还唤得应么？”无对。师云：“苍天！苍天！”

举雪峰问僧：“近离甚处？”云：“覆船。”峰云：“生死海未渡，为什么覆船？”师代云：“久响雪峰！”待者老汉拟议，拂袖便行，其僧当时无语。归举似覆船，船云：“何不道渠无生死？”僧再至雪峰举此语，峰云：“此不是尔语。”云：“是覆船恁么道。”峰云：“我有二十棒寄与覆船，二十棒老僧自吃，不干阇梨事。”师云：“能区能别，能杀能活。若也辩得，天下横行。”

举德山圆明示众云：“但有问答，只竖一指头。寒则普天普地寒。”师云：“什么处见俱胝老？热则普天普地热。”师云：“莫错认定盘星。森罗万像，彻下孤危；大地山河，通上险绝。甚么处得一指头禅？”

举僧问南院:"从上诸圣什么处去?"院云:"不上天堂即入地狱。"云:"和尚作么生?"院云:"还知宝应老落处么?"僧拟议,院以拂子蓦口打。复唤僧近前云:"令合是尔行。"又打一拂子。师云:"令既自行,且拂子不知来处。雪窦道个瞎,且要雪上加霜。"

举保福问长庆:"盘山道:'光境俱忘,复是何物?'洞山道:'光境未忘,复是何物?'据二老宿,总未得剿绝,作么生道得剿绝去?"庆良久。福云:"情知向鬼窟里作活计。"庆云:"尔作么生?"福云:"两手扶犁水过膝。"师云:"俱忘未忘总由我。保福因什么道未得剿绝,酌然能有几个?诸人又作么生道,免得长庆在鬼窟里?"师云:"柳絮随风,自西自东。"

举大梅闻鼯鼠鸟声谓众云:"即此物非他物。汝善护持,吾当逝矣。"师云:"者汉生前莽卤,死后颠顶。即此物非他物是何物?还有分付处也无?有般汉不解截断大梅脚跟,只管道贪程太速。"

举雪峰示众云:"望州亭与尔相见了也,乌石岭与尔相见了也,僧堂前与尔相见了也。"保福问鹅湖:"僧堂前且致,望州亭、乌石岭什么处相见?"鹅湖骤步归方丈,保福便入僧堂。师云:"二老宿是即是,只知雪峰放行,不见雪峰把定。"忽有个衲僧出问:"未审雪窦作么生?岂不是别机宜识休咎底汉,还有望州亭、乌石岭相见底衲僧么？"良久云："担版禅和，如麻似粟。"

举赵州问大慈："般若以何为体？"慈云："般若以何为体？"州呵呵大笑。至来日州扫地次，大慈却问："般若以何为体？"州放下扫帚呵呵大笑。师云："前来也笑，后来也笑，笑中有刀。大慈还识么？直饶识得，也未免丧身失命。"

举德山一日饭迟，自掌钵至法堂上。雪峰见云："者老汉钟未鸣鼓未响，托钵向什么处去？"德山便回。峰举似岩头，头云："大小德山，不会末后句。"山闻举，令侍者唤岩头到方丈，问："尔不肯老僧那？"岩头密启其意。山至来日上堂，与寻常不同。岩头到僧堂前，抚掌大笑云："且喜得老汉会末后句，他后天下人不奈何。虽然如此，只得三年。"明招代德山云："咄！咄！没处去！没处去！"师云："曾闻说个独眼龙，元来只有一只眼。殊不知德山是个无齿大虫，若不是岩头识破，争得明日与昨日不同。诸人要会末后句么？只许老胡知，不许老胡会。"

举雪峰一日见猕猴乃云："者猕猴各各背一面古镜。"三圣便问："历劫无名，何以彰为古镜？"峰云："瑕生也。"圣云："一千五百人善知识，话头也不识。"峰云："老僧住持事烦。"师云："好与二十棒，者棒放过也好，免见将错就错。"

举僧问国师："如何是本身卢舍那？"云："与老僧过净瓶来。"僧将到净瓶。云："却安旧处著。"僧复问："如何是本身卢舍那？"云："古佛过去久矣！"云门大师道："无朕迹。"师云："直得一手指天一手指地。争得无？还会么？云在岭头闲不彻，水流涧下太忙生。"

举僧问洞山："'时时勤拂拭，莫遣惹尘埃。'为什么不得他衣钵？"山云："直饶道'本来无一物'，也未合得他衣钵。且道什么人合得？"僧下九十六转语，皆不相契，末后云："设使将来他亦不要。"洞山深肯。师云："他既不受是眼，将来底必应是瞎。还见祖师衣钵么？若于此入门，便乃两手分付，非但大庾岭头一个提不起，设使阖国人来，且款款将去。"

举僧问投子："依稀似半月，仿象若三星。乾坤收不得，师于何处明？"子云："道什么？"云："想师只有湛水之波，且无滔天之浪。"子云："闲言语。"师云："投子古佛，不可道不知。若点捡来，直是天地悬隔，才问便和声打。"

举洛浦久为临济侍者，到夹山问："自远趋风，乞师一接。"山云："目前无阇梨，此间无老僧。"浦便喝。山云："住！住！阇梨莫草草匆匆。云月是同，溪山各异。截断天下人舌头即不无，争教无舌人解语？"浦无对，山便打。师云："者汉可悲可痛，钝致他临济。他既云月是同，我亦溪山各异，说什么无舌人不解语，坐具劈口便搣。夹山若是个知方汉，必然明窗下安排。"

举三圣问雪峰："透网金鳞以何为食？"峰云："待汝出网来

向汝道。"圣云："一千五百人善知识，话头也不识。"峰云："老僧住持事烦。"师云："可惜放过，好与二十棒，者棒一棒也饶不得，直是罕遇作家。"

举伏牛为马祖驰书到国师处，国师问："马祖有何言句示人？"牛云："即心是佛。"国师云："是什么语话？"良久再问："更有什么言句？"牛云："不是心不是佛不是物。"国师云："犹较些子。"师代："当时便喝。"牛却问："和尚此间如何？"国师云："三点如流水，曲似刈禾镰。"师云："'是什么语话？'也好与一拶。见之不取，千载难忘。"

举玄沙问镜清："我不见一法为大过患，尔道不见什么法？"清指露柱云："莫是不见者个法么？"沙云："浙中清水白米从尔吃，佛法则未在。"师云："大小镜清，被玄沙热瞒。我当时若见，但只向道：'灵山授记也未到如此。'"

举先报慈问僧："近离甚处？"云："卧龙。"慈云："在彼多少时？"云："经冬过夏。"慈云："龙门无宿客，为什么在彼许多时？"云："师子窟中无异兽。"慈云："尔试作师子吼看。"云："若作师子吼，即无和尚。"慈云："念汝新到，且放三十棒。"师云："奇怪！诸禅德！若平展则两不相伤，据令则彼此俱险，还点检得么？"

举船子云："千尺丝纶直下垂，一波才动万波随。夜静水寒鱼不食，满船空载月明归。"师云："者汉劳而无功。忽若云门道：'一句合头语，万劫系驴橛。'又作么生免此过？"良久云："莫谓水寒鱼不食，如今钓得满船归。"

举投子问巨荣禅客："老僧未曾有一言半句挂诸方耳目，何用要见山僧？"僧云："到者里不施三拜，要且不甘。"子云："出家儿得恁么没碑记。"僧绕禅床一匝而出，子云："有眼无耳朵，六月火边坐。"师云："也不得放过，才转便与擒住，便喝：'是谁不甘？'若跳得出，不妨是一员衲僧。"

举祖师道："'六尘不恶，还同正觉。'拄杖子是尘，有甚么过？过既无，应合辩主？所以道粪扫堆上现丈六金身，且拈在一边；赤肉团上壁立千仞，又放过一著。直饶八面四方，正好连架打。"

举古云："眼里着沙不得，耳里着水不得。忽若有个汉，信得及，把得住，不受人瞒。祖佛言教是什么热碗鸣声？便请高挂钵囊，拗折拄杖，管取一员无事道人。"又云："眼里着得须弥山，耳里着得大海水。一般汉受人商量祖佛言教，如龙得水似虎靠山，却须挑起钵囊，横担拄杖，亦是一员无事道人。"复云："恁么也不得，不恁么也不得，然后没交涉。三员无事道人中，要选一人为师。"

主要参考文献

佛教古籍：

〔后秦〕鸠摩罗什译：《妙法莲华经》，《大正藏》第 9 册。

〔唐〕义净译：《根本说一切有部毗奈耶杂事》，《大正藏》第 24 册。

〔宋〕妙源编：《虚堂和尚语录》，《大正藏》第 47 册。

〔明〕圆信、郭凝之编：《金陵清凉院文益禅师语录》，《大正藏》第 47 册。

〔宋〕守坚集，《云门匡真禅师广录》，《大正藏》第 47 册。

〔宋〕惟盖竺编：《明觉禅师语录》，《大正藏》第 47 册。

〔宋〕绍隆等编：《圆悟佛果禅师语录》，《大正藏》第 47 册。

〔元〕德辉编：《敕修百丈清规》，《大正藏》第 48 册。

〔宋〕克勤评唱：《佛果圆悟禅师碧岩录》，《大正藏》第 48 册。

〔元〕宗宝编：《六祖大师法宝坛经》，《大正藏》第 48 册。

〔元〕觉岸编：《释氏稽古略》，《大正藏》第 49 册。

〔元〕志磐编：《佛祖统纪》，《大正藏》第 49 册。

〔宋〕契嵩编：《传法正宗记》，《大正藏》第 51 册。

〔宋〕道原纂：《景德传灯录》，《大正藏》第 51 册。

〔宋〕道诚集：《释氏要览》，《大正藏》第 54 册。

〔元〕明本编：《幻住庵清规》，《卍新纂续藏经》第 63 册。

〔明〕大建编：《禅林宝训音义》，《卍新纂续藏经》第 64 册。

〔宋〕善卿编：《祖庭事苑》，《卍新纂续藏经》第 64 册。

〔元〕道泰集：《禅林类聚》，《卍新纂续藏经》第 67 册。

〔宋〕祖庆重编：《拈八方珠玉集》，《卍新纂续藏经》第 67 册。

〔宋〕师明集：《续古尊宿语要》，《卍新纂续藏经》第 68 册。

〔元〕壹咸编：《禅林备用清规》，《卍新纂续藏经》第 63 册。

〔明〕明河编：《补续高僧传》，《卍新纂续藏经》第 77 册。

〔宋〕惟白集：《建中靖国续灯录》，《卍新纂续藏经》第 78 册。

〔宋〕惠洪撰：《禅林僧宝传》，《卍新纂续藏经》第 79 册。

〔宋〕正受编：《嘉泰普灯录》，《卍新纂续藏经》第 79 册。

〔宋〕悟明集：《联灯会要》，《卍新纂续藏经》第 79 册。

〔明〕朱时恩：《佛祖纲目》，《卍新纂续藏经》第 85 册。

〔清〕通醉辑：《锦江禅灯》，《卍新纂续藏经》第 85 册。

〔清〕纪荫编纂：《宗统编年》，《卍新纂续藏经》第 86 册。

〔日〕无着道忠编：《禅林象器笺》，《佛光大藏经·禅藏》，高雄：佛光出版社，1994年。

〔宋〕普济著，苏渊雷点校：《五灯会元》，北京：中华书局，1984年。

〔宋〕赞宁撰，范祥雍点校，《宋高僧传》，北京：中华书局，1987年。

〔南唐〕静、筠二禅师编撰，孙昌武、衣川贤次、西口芳男点校，《祖堂集》，北京：中华书局，2007年。

历史古籍：

〔宋〕沈括撰：《梦溪笔谈》，《文渊阁四库全书》本。

〔宋〕郑樵撰：《通志》，《文渊阁四库全书》本

〔清〕爱新觉罗·弘历著：《御制诗集》，《文渊阁四库全书》本。

〔清〕王轩、杨笃纂修：《山西通志》，《文渊阁四库全书》本

〔明〕徐光启撰，石声汉校注：《农政全书校注》，上海：上海古籍出版社，1979年。

〔汉〕班固撰，〔唐〕颜师古注：《汉书》，北京：中华书局，1999年。

〔宋〕张邦基撰：《墨庄漫录》，北京：中华书局，2002年。

工具书：

丁福保编：《佛学大辞典》，北京：文物出版社，1984年。

罗竹风主编：《汉语大词典》第六卷，上海：汉语大词典出

版社，1986年。

慈怡主编:《佛光大辞典》第七册，高雄：佛光出版社，1988年。

〔日〕禅学大辞典编纂所编：《新版禅学大辞典》，东京：大修馆书店，1985年。

孙书安编：《中国博物别名大辞典》，北京：北京出版社，2000年。

袁宾、康健主编： 《禅宗大词典》，武汉：崇文书局，2010年。

论著：

杨曾文著：《宋元禅宗史》，北京：中国社会科学出版社，2006年。

〔日〕土屋太佑著：《北宋禅宗思想及其渊源》，成都：巴蜀书社，2008年。

段玉明等著： 《圆悟克勤传》，北京：宗教文化出版社，2012年。

黄绎勋：《雪窦重显禅师生平与雪窦七集之考辨》，《台大佛学》第14期，2007年。

〔日〕小川灵道：《太淳宗古和尚と温霖岱润和尚》，《驹泽大学学报》1953年复刊2。